작가 펄 벅

사랑과 희망이 글 속에 꽃피다

작가 펄 벅 사랑과 희망이 글 속에 꽃피다

2011년 05월 19일 초판 1쇄 발행
2018년 11월 21일 초판 2쇄 발행

글 연재준 / 그림 투리아트
펴낸이 이철규 / 펴낸곳 북스
편집 김세영 / 편집디자인 박근영 / 마케팅 이종한

편집부 02-336-7634 / 영업부 02-336-7613 / FAX 02-336-7614
홈페이지 http://www.vooxs.kr / 등록번호 제 313-2004-00245호 / 등록일자 2004년 10월 18일

주소 서울특별시 광진구 동일로 4길 32 2층
값 9,800원
ISBN 978-89-6519-017-2 74800
      978-89-6519-007-3 (세트)

잘못된 서적은 구입하신 서점에서 교환하여 드립니다.
이 책은 저작권법에 의해 보호를 받는 저작물이므로 불법 복제와
스캔 등 무단 전재 및 유포·공유를 금합니다.

작가 펄 벅

사랑과 희망이 글 속에 꽃피다

글 연재준 그림 투리아트

[vooks 북스]

머리말

사랑과 희망으로 격동의 시대를 그린 작가, 펄 벅

　노벨문학상에 빛나는 수많은 작가들 중에서도 펄 벅의 삶은 유독 사람들의 주목을 끌어왔다.
　미국인으로 태어났으나 유년기의 대부분을 중국에서 보내야 했던 그녀는 그 어떤 작가보다도 독특한 문학세계를 구축했고, 그런 점이 많은 이들의 가슴을 울렸다.
　또한 그녀는 당시 동양과 서양 사이에 팽배해 있던 적대감과 이질감을 누구보다도 슬퍼한 사람이었다. 그래서 단순히 작가로서 글을 쓰는 데 그치지 않고 사회사업과 계몽운동에 끊임없이 자신을 내던졌다.
　그러한 그녀의 유지를 이어받은 단체가 바로 지금도 왕성한 활동을 벌이고 있는 〈펄벅재단〉이다. 〈펄벅재단〉은 현재 세계 10여 개국에 지부를 두고 인종과 신분에 따른 차별과 편견을 없애기 위해 무던히 노력하고 있다.
　이렇듯 위대한 작가, 명망 있는 사회사업가로 대중에게 알려진 펄 벅이지만 한편으로는 그녀 또한 한 명의 여성이기도 했다.
　수많은 삶의 애환 속에서 아픔을 겪기도 했고, 절망을 맛보기도 했으며, 증

오를 불태운 적도 있었다. 좌절된 사랑에 대한 기억은 그녀를 끊임없이 괴롭혔고, 삶의 등불이 되리라고 생각한 딸아이조차 몸과 정신이 불편한 채로 태어나자 고통은 더해갔다.

하지만 그녀는 결코 좌절하지 않았다. 삶에 대한 불굴의 의지로 자신에게 닥쳐온 시련들을 하나하나 극복한 끝에 그녀는 결국 시대의 거인으로 우뚝 설 수 있었다. 바로 그러한 점 때문에 그녀의 삶과 작품이 지금까지도 사람들에게 영감과 희망을 주고 있는 것이다.

20세기 초의 격동기를 온전히 자신의 몸으로 받아내며 글로써 세상에 큰 외침을 내질렀던 펄 벅. 이제 그녀의 삶과 작품세계를 들여다보도록 하자.

지은이 연재준

Pearl buck

머리말_ 사랑과 희망으로 격동의 시대를 그린 작가, 펄 벅 6

푸른 눈의 중국 소녀 10
친구가 되어줘 32
이별이 닥치다 43
미국에서의 대학 생활 63
작가의 꿈을 열어준 리처드 74
다시 중국으로 121
재회, 그리고 영원한 안녕 144
새로운 시작, 펜을 들다 170
세계문학의 중심에 선 펄 178

인물 마주보기 188
펄 벅의 **생애** 191
글 쓰는 직업에 대해 **살펴보자GO!** 193
세계문학의 **발자취를 찾아서** 207

따악!

커다란 백양나무가 만든 그늘에 앉아 책을 읽던 펄은 어디선가 들려온 요란한 소리에 고개를 들었다. 펄이 앉아 있는 서양식 저택의 정원 바깥, 허리 높이도 채 안 되는 야트막한 담장 너머에서 중국인 아이들이 공을 치며 놀고 있었다. 아무래도 공이 나무 막대기에 맞으면서 난 소리인 모양이었다.

"와아! 진짜 멀리 날아갔다!"

"이번엔 내 차례야."

"좋았어! 화끈하게 쳐보라고!"

그저 던지고 치는 단순한 놀이를 하면서도 아이들은 뭐가 그리 재미있는지 깔깔거리며 웃어댔다. 계속 못 들은 체하며 책장을 넘기던 펄도 어느 샌가부터 자기도 모르게 담장 너머를 곁눈질하고 있었다.

'대체 뭐가 그리 재미있다고 이렇게 시끄럽게 구는 거야?'

공놀이를 하는 아이들은 모두 자신보다 작거나 비슷한 또래였다. 옷은 너덜너덜하게 꿰맨 누더기가 대부분이었고, 얼굴에는 하나같이 새카맣게 때가 타 있었다. 중국 강남江南의 악명 높은 불볕더위 아래 하나같이 땀투성이가 되어가면서도 노는 걸 멈추지 않았다.

'쟤들은 덥지도 않나?'

펄은 손부채로 바람을 만들며 고개를 갸웃거렸다.

아이들의 손에서 손으로 옮겨지던 막대기가 어느새 마지막 아이의 손으로 전달되고 있었다. 다른 아이들보다 약간 더 키가 크고 까무잡잡한 피부를 가진 소년이었다.

"샤오디, 여기서 한 방 치면 내가 만두 산다!"

"으이그, 그 만두 평생 가도 못 먹겠다! 천하의 약골 샤오디한테 바랄 걸 바라야지!"

아이들 사이에서 웃음소리가 왁자하게 터져 나오자 샤오디라고 불린 소년이 이를 악물었다. 까무잡잡한 피부와는 달리 이는 하얗고 깨끗한 색이었다. 샤오디가 막대기를 들고 자세를 잡자 펄은 자기도 모르게 흥미진진한 눈으로 바라보기 시작했다.

"그럼 던진다!"

공을 던지는 아이가 외치자 샤오디가 고개를 끄덕였다. 펄은 자기도 모르게 침을 꿀꺽 삼켰다. 긴장된 분위기 속에서 샤오디를 향해 공이 빠르게 날아갔다.

따악!

샤오디의 막대기에서 경쾌한 소리가 나는 것과 동시에 공이 하늘 높이 떠올랐다. 얼떨떨한 표정으로 날아가는 공을 바라보던 샤오디의

입에서 환호성이 터져 나왔다.

"야호! 맞았다!"

하지만 펄은 좋아할 수 없었다. 하늘 높이 솟아올랐던 공이 포물선을 그리며 담장 안쪽으로 툭 떨어졌기 때문이었다. 잔디 위에 떨어진 공은 데굴데굴 구르더니 나무 아래 앉아 있던 펄의 발치까지 와서 멈췄다.

펄은 눈을 찡그린 채 공을 쳐다보았다. 여기저기 손때가 탄 공은 아이들의 옷만큼이나 더럽고 시커멨다. 펄은 난감한 얼굴로 고개를 들어 담장 바깥을 쳐다보았다.

"으악! 양키체랑 눈이 마주쳤어!"

"우, 우리 영혼을 가져갈 건가 봐. 어떡하지?"

"서양귀신아, 물러가라! 너희 땅으로 돌아가!"

"귀신님, 제발 우릴 잡아먹지 말아주세요. 삐쩍 말라서 맛도 없단 말이에요."

자신들과는 전혀 다른 파란 눈에 도자기처럼 투명한 피부, 황금빛을 띤 머리카락을 지닌 펄의 모습에 아이들이 기겁을 하며 난리법석을 피워댔다. 양키체라는 말은 '양키 나라에서 온 요괴'라는 뜻이었다. 펄은 어이가 없고 화가 나서 눈을 치켜떴다.

"뭐, 뭐야? 양키체?"

펄은 자리에서 벌떡 일어나며 중국인 아이들을 향해 소리쳤다.

"야! 내가 어딜 봐서 귀신이야? 이렇게 예쁘고 귀여운 귀신 본 적 있어? 있냐고!"

"으악! 양키체가 우릴 잡아먹으려고 한다!"

"사, 사람 살려!"

담장 바깥에 바글바글하게 모여 있던 아이들이 눈 깜짝할 사이에 메뚜기 떼처럼 흩어졌다. 남아 있는 건 마지막으로 공을 친 샤오디라는 소년뿐이었다.

"너는 왜 안 도망가?"

펄이 삐딱한 자세로 노려보며 말했다. 하지만 샤오디는 도망가는 대신 쭈뼛거리며 펄의 발밑을 가리켰다.

"저기, 그거……."

"그거 뭐?"

"아까 그 공 말이야."

그제야 펄은 발밑에 떨어져 있는 공을 내려다보았다. 샤오디가 잔뜩 겁먹은 목소리로 웅얼거렸다.

"그 공 우리 형 거야. 그거 잃어버리면 나 형한테 맞아 죽어."

"흥! 그거야 네 사정이지."

펄은 콧방귀를 뀌었지만 샤오디가 계속 난처한 얼굴로 쩔쩔매는 걸 보자 마음이 누그러졌다. 무엇보다 자신을 보며 양키체라느니, 귀신이라느니 하며 겁먹지 않는 게 흥미로웠다.

"이번만이다? 나중에 또 넘어오면 안 줄 거야."

"고, 고마워."

펄은 어설프게 고개를 숙이는 샤오디를 보며 피식 웃었다. 그리곤 공을 집으려고 몸을 구부렸다.

"만지지 마라!"

쩌렁쩌렁한 목소리가 정원에 울려 퍼진 건 그때였다. 깜짝 놀란 펄과 샤오디의 눈이 소리가 난 정원 뒤편을 향했다. 검은 양복에 검은 중절모, 갈색 콧수염을 멋지게 기른 훤칠한 신사 한 명이 성큼성큼 걸어오고 있었다. 펄과 마찬가지로 푸른 눈에 하얗다 못해 창백하기까지 한 피부를 가진 신사의 얼굴은 분노한 듯 잔뜩 일그러져 있었다.

그는 바로 펄의 아버지, 압살롬 사이든스트리커였다.

"아버지! 이제 오셨……."

"펄, 너란 아이는 도대체 생각이 있는 거냐, 없는 거냐? 내가 몇 번이나 말했잖느냐! 중국은 더러운 나라이기 때문에 항상 몸가짐을 조심해야 한다고!"

압살롬은 펄을 보며 대뜸 호통부터 쳤다. 펄은 공과 샤오디를 번갈아 쳐다보며 우물쭈물했다.

"하지만……."

"이 아비에게 말대꾸하지 마라."

압살롬의 나직한 목소리는 위압적이었다. 펄은 결국 기가 죽은 모습으로 어깨를 축 늘어뜨렸다. 압살롬은 바닥에 떨어진 공과 담장 밖에서 겁먹은 채 이러지도 저러지도 못하는 샤오디를 번갈아 바라보더니 뒤따라온 중국인 하인에게 명령했다.

"저 더러운 아이는 쫓아버리고 공은 태워버리도록."

"예, 분부하신 대로 하겠습니다요."

압살롬보다도 나이가 많아 보이는 하인이 재빨리 공을 주웠다. 차가운 눈빛으로 담장 밖을 바라보던 압살롬이 하인에게 물었다.

"평소에도 저곳에 아이들이 많이 모이는가?"

"예, 주변에 마땅한 공터가 없어서 말입니다요. 놀 곳이라곤 저기뿐이지요."

"그렇단 말이지……."

압살롬의 눈빛이 번득이는 걸 본 펄은 괜스레 불안해졌다. 아버지가 저런 눈빛을 하면 항상 안 좋은 일이 생기곤 했던 것이다.

"내일부터 정원에 개를 풀어놓도록 하게. 누구든 한 번 물려보면 다시는 얼씬하지 않겠지."

중국인 하인은 깜짝 놀란 눈으로 압살롬을 보다가 이내 고개를 깊이 숙였다.

"말씀하신 대로 하겠습니다요."

펄도 놀란 눈으로 압살롬을 쳐다보았다. 그 개가 어떤 개인지 잘 알고 있기 때문이었다. 미국에서 이곳에 올 때 데려온 개였는데, 털이 온통 검고 크기는 송아지만 해서 셜록 홈스 소설에 나오는 「배스커빌 가의 개」와 빼다 박은 모습이었다. 게다가 성질이 사나워서 가끔은 펄에게도 으르렁거릴 정도였다.

하지만 압살롬은 아무렇지도 않게 펄을 향해 손짓했다.

"가자, 곧 저녁시간이다."

압살롬을 따라 저택 안으로 향하면서 펄은 아까보다 두 배는 더 시무룩한 표정을 지었다. 앞으로는 그 개 때문에 정원에 나오는 것도 쉽지 않게 되었기 때문이었다.

아쉬운 마음에 뒤를 흘끗 돌아보던 펄의 눈에 중국인 하인이 담장 저편으로 몰래 공을 던지는 것이 보였다. 멀찍이 물러나 있던 샤오디가 잽싸게 달려와 공을 움켜잡더니 하인에게 감사의 인사를 하고는 뒤도 보지 않고 도망쳤다. 펄은 자기도 모르게 피식 웃음을 흘렸다.

쿠웅!

어느새 저택에 들어온 펄의 뒤로 문이 굳게 닫혔다. 펄은 압살롬에게 들리지 않을 정도로 작게 한숨을 내쉬었다. 이 드넓은 중국 대륙에서 열 살 소녀, 펄 사이든스트리커에게 허락된 공간이라곤 이 저택과 정원이 전부였다.

'그나마 내일부터는 정원에도 못 나가는 신세지.'

압살롬의 뒤를 따라 계단을 오르며 펄이 속으로 중얼거렸다.

펄의 아버지 압살롬 사이든스트리커는 장로회의 목사로, 평생의 절반을 중국에서 선교와 교육활동으로 보낸 인물이었다. 하지만 압살롬은 중국인들을 자신과 동등한 인간으로 여기지 않았다. 그에게 중국인이란 어디까지나 선도하고 바로잡아야 할 대상일 뿐이었다.

그런 생각은 펄의 남동생인 클라이드가 풍토병으로 어린 나이에 세상을 떠나면서 더욱 심해졌다. 압살롬은 펄이 중국인들과 접촉하지 못하도록 끊임없이 자신의 생각을 강요했다. 외출은 철저히 금지되었고, 여행은 먼 나라의 이야기가 되었다. 문밖에는 동서양의 온갖 문물이 넘쳐나고 있었지만 펄의 방에는 그 흔한 장난감 하나 없었다.

펄에게 허락된 것은 오로지 하나, 미국에서 건너오는 책과 잡지들뿐이었다.

"중국인들은 불결한 인종들이다. 클라이드가 죽은 것도 다 그들과 너무 가까이 지내다 병이 옮았기 때문이야. 그러니 너는 집 안의 하인들 말고 다른 중국인들과는 절대 상종도 하지 마라. 허락 없이는 절대 집 밖으로 나가서도 안 돼."

저녁 식사를 하던 펄은 압살롬의 고압적인 말에 그저 고개만 끄덕

일 수밖에 없었다. 맞은편에 앉은 어머니 캐롤라인도 아무 말을 하지 못했다. 가부장적인 전통을 지키고 있는 사이든스트리커 집 안에서 압살롬의 말 한마디 한마디는 절대적인 힘을 가지고 있었다.

식사를 서둘러 끝낸 펄은 2층의 자기 방으로 올라갔다. 방 한쪽에 놓인 책장에는 그간 미국에서 가져온 책들이 가득 꽂혀 있었다. 하도 많이 읽어서 내용을 외우다시피한 것들이 대부분이었다. 펄은 그중에서 눈에 띄는 책을 한 권 꺼내 침대에 누웠다.

"「허클베리 핀의 모험」."

그녀는 제목을 소리 내 읽으며 책을 펼쳤다. 지금까지 몇 번이나 되풀이해 읽은 책이었지만 왜인지 오늘따라 내용이 눈에 잘 들어오지 않았다. 하늘을 찌를 듯 솟아오른 빌딩으로 가득한 미국의 도시들, 반듯하게 정돈된 도로를 오가는 수많은 자동차와 전동차들, 하지만 이것들을 본 적도 없는 펄에겐 그저 딴 세상 이야기처럼 느껴질 뿐이었다.

"하아~."

펄은 한숨을 쉬며 책을 옆으로 던지고는 침대 위에서 한 바퀴 굴렀다. 반듯이 누운 채 한참을 천장만 바라보던 그녀는 갑자기 무슨 생각이 났는지 벌떡 일어나 창가로 다가갔다.

창밖으로 보이는 풍경은 방금 책에서 읽은 것과는 너무도 딴판이었다. 기와와 나무 널빤지로 지붕을 얹은 작고 소박한 중국식 집들이 보였고, 늙은 말이 끄는 마차와 인력거가 지저분한 흙길을 가득 메우고 있었다. 이따금 자동차가 지나가면 길에서 먼지가 뿌옇게 피어오르고, 펄 또래의 아이들이 신나게 그 뒤를 쫓았다.

그 광경을 바라보며 펄은 피식 웃음을 지었다. 그녀에겐 책 속에 담긴 세상보다 눈앞에 보이는 이곳이 훨씬 더 친숙하고 자연스럽게 느껴졌다.

문득 펄은 낮에 보았던 샤오디라는 소년을 떠올렸다. 까무잡잡한 피부였지만 이가 하얗고 깨끗한 데다 옷차림도 깔끔해 더럽다는 느낌은 들지 않았다. 곱상한 생김새가 다른 아이들에 비해 잘생긴 편이라는 느낌도 들었다.

펄은 고개를 갸웃거리며 혼잣말로 중얼거렸다.

"정말로 중국인들은 아버지 말씀처럼 다 불결한 걸까? 하지만 그 샤오디라는 애는 깨끗했던 거 같은데······. 아, 몰라!"

펄은 생각하기 귀찮다는 듯이 고개를 마구 흔들고는 창문을 닫고 침대에 누웠다. 하지만 막상 잠이 든 것은 그로부터 한참 시간이 지난 후였다.

일주일 후, 한동안 집 안에만 갇혀 있던 펄에게 정원으로 다시 나갈 수 있는 기회가 찾아왔다. 압살롬이 지방의 선교활동 때문에 며칠간 집을 비우게 된 것이다.

"며칠 동안 집 안에만 있어서 너무 답답해요, 엄마. 오늘 하루만 정원에 나가게 해주세요, 네?"

압살롬이 저택을 나서기 무섭게 펄은 어머니 캐롤라인에게 달려가 조르기 시작했다. 캐롤라인은 처음엔 안 된다며 고개를 저었지만 펄이 계속 애원하자 결국 한숨을 쉬며 허락했다.

"그래, 알았어. 하지만 절대로 정원 밖으로는 나가면 안 돼. 알겠지?"

"네!"

펄은 곧장 자기 방으로 달려 올라가서는 새로 산 책을 빼들고 정원으로 향했다. 다행히 압살롬이 풀어놓은 개는 정원 뒤편 그늘에 길게 누운 채 잠들어 있었다. 펄은 개가 깨지 않도록 살금살금 까치발을 디디며 평소 책을 읽는 장소인 나무 아래로 가서 앉았다.

따악!

하지만 책을 펼치자마자 또 요란한 소리가 귓가에 울렸다. 압살롬이 저택에 없다는 걸 어떻게 알았는지 아이들이 다시 담장 밖으로 몰려와 공을 치고 있었다. 여전히 꾀죄죄했고, 여전히 즐거워 보이는 모습들이었다.

"야, 오늘은 샤오디부터 치라고 해. 공을 찾아왔잖아."

"그래, 샤오디 먼저 해라!"

이윽고 아이들 사이에서 샤오디가 머쓱한 얼굴로 나타났다. 펄은 책을 읽다 말고 슬쩍 고개를 들었다. 마침 샤오디도 이쪽을 보는 바람에 눈이 딱 마주치고 말았다.

"히익, 오늘도 서양귀신이 나와 있잖아……."

"우, 우리 그냥 가자. 저번처럼 큰 양키체까지 나오면 어떡해?"

"이 바보야! 여기 아니면 놀 수 있는 곳도 없어!"

뒤늦게 펄을 발견한 아이들이 겁먹은 표정으로 웅성거렸다. 펄은 모른 체하며 재빨리 책을 세우고 고개를 푹 숙였다. 하지만 샤오디는 계속 펄의 모습을 힐끔힐끔 쳐다보다가 날아오는 공을 그대로 흘려보내고 말았다.

"푸하하! 역시 샤오디다! 제대로 칠 리가 없지."

"하도 못 맞추니까 이젠 아예 막대기도 안 휘두르는 거냐?"

샤오디가 당황한 얼굴로 아이들을 향해 두 손을 내저었다.

"시, 시작한 줄 몰랐어! 다시 해!"

그리곤 입술을 깨물며 막대기를 움켜쥐고 자세를 잡았다. 어깨에 힘을 잔뜩 넣은 모습이 꼭 공을 쳐내고 말겠다는 결심을 단단히 한 것처럼 보였다. 펄은 슬쩍 책에서 고개를 들어 그 모습을 쳐다보았다.

부우웅!

하지만 샤오디가 휘두른 막대기는 이번에도 공 대신 애꿎은 허공만 갈랐다. 다리가 엇갈려 바닥에 볼썽사납게 넘어지는 샤오디를 보며 아이들이 배를 잡고 웃어댔다.

결국 펄은 책을 바닥에 집어던지며 자리에서 벌떡 일어났다.

"야! 이 멍청아!"

깜짝 놀란 아이들이 펄쩍 뛰면서 뒤로 물러났다. 펄은 멍청한 표정으로 서 있는 샤오디를 향해 계속 소리쳤다.

"눈을 감으면 공이 보여? 공을 끝까지 봐야 칠 거 아냐!"

샤오디가 뜨끔 놀란 얼굴로 펄을 향해 더듬거렸다.

"누, 누가 눈을 감았다고 그래? 나 안 감았어!"

"흥, 공 날아오니까 눈 감는 거 내가 다 봤거든? 그러니 맞을 리가 있어? 눈을 부릅뜨고, 공을 끝까지 보다가 치란 말이야!"

펄은 바닥에서 책을 주워 막대기처럼 휘두르기까지 하며 외쳤다. 샤오디는 그런 펄을 한참 동안 바라보다가 다시 막대기를 쥐며 자세를 취했다.

"야, 다시 한 번만 던져줘."

멀찍이 물러나 있던 아이들 중 한 명이 공을 들고 주춤주춤 다가왔다. 펄은 팔짱을 낀 채 가만히 그 모습을 바라보았다.

다시 샤오디를 향해 공이 날았다. 동시에 샤오디의 막대기가 힘차게 바람을 갈랐다.

따아악!

경쾌한 소리와 함께 공이 하늘 높이 날아올랐다.

"좋았어!"

"와아아~! 제법이잖아, 샤오디!"

펄과 아이들이 동시에 탄성을 질렀다. 하지만 다음 순간, 모두의 얼굴이 새까맣게 변했다. 높이 떠올랐던 공이 다시 담장 안쪽 정원에 떨어진 것이다. 공은 데굴데굴 구르더니 길게 누운 채 잠들어 있는 개의 코앞에 가서 멈췄다.

펄과 샤오디, 아이들 모두 동시에 침을 꿀꺽 삼켰다. 샤오디가 주춤거리며 담장 앞으로 다가오더니 펄을 빤히 쳐다보았다.

"왜, 왜 그렇게 쳐다보는데?"

샤오디는 대답 대신 개 앞에 떨어진 공을 손가락으로 가리켰다. 펄은 드릉거리며 코를 골고 있는 개를 쳐다보다 몸서리를 치며 고개를 저었다.

"시, 싫어. 쟤는 아버지 말만 듣는단 말이야. 잘못했다간 나도 물릴 거야."

"이렇게 부탁할게. 제발……."

"아, 안 된다니까!"

펄은 소리를 지르며 고개를 도리도리 흔들었다. 샤오디가 한숨을 내쉬더니 갑자기 담장을 넘기 시작했다.

"그럼 내가 가져올게."

"야! 안 된다고 했잖아!"

하지만 펄이 말릴 새도 없이 샤오디는 낑낑거리며 담장을 넘어왔다. 그리곤 도둑처럼 살금살금 걸어서 자고 있는 개를 향해 다가갔다. 펄은 자기도 모르게 침을 꼴깍 삼켰다. 담장 밖의 아이들도 하나같이 긴장한 표정으로 샤오디를 지켜보고 있었다.

마침내 샤오디가 개가 누워 있는 곳 바로 앞까지 다가갔다. 샤오디는 숨까지 참아가며 공을 향해 손을 뻗었다. 중간에 개가 몸을 뒤척이며 그르렁거렸지만 샤오디는 입술을 꼭 깨문 채 공을 손에 넣었다.

"됐다!"

펄은 자기도 모르게 신이 나 소리를 지르다 손으로 입을 틀어막았다. 하지만 이미 감겨 있던 개의 눈이 번쩍 뜨이고 난 후였다. 낯선 냄새를 맡은 개가 날카로운 송곳니를 드러내며 으르렁거렸다. 걸쭉한 타액이 턱을 타고 잔디 위에 뚝뚝 떨어지고 있었다.

크르르르……!

송아지만 한 검은 개 앞에서 샤오디는 꼼짝할 엄두도 내지 못한 채 그대로 얼어붙었다. 꼼짝하지 못하는 건 담장 밖에서 지켜보고 있던 아이들도 마찬가지였다. 당장이라도 검은 개의 이빨이 샤오디를 덮칠 것만 같았다.

"아, 안 돼! 앉아! 어서!"

펄이 샤오디 앞으로 뛰쳐나간 건 그때였다. 두 다리를 벌벌 떨면서도 펄은 제법 단호하게 압살롬의 말투를 흉내 내며 손을 휘저었다. 주인의 딸이라는 걸 알아본 듯 검은 개의 눈빛이 슬쩍 누그러졌다. 그 틈을 타 펄은 재빨리 샤오디의 팔을 잡아당겼다.

"이리 와, 멍청아! 빨리!"

하지만 개는 샤오디가 물러나는 걸 그냥 두지 않았다. 누그러졌던 눈빛이 다시 번득이며 주둥이 사이로 날카로운 이빨이 드러났다.

컹! 컹컹!

"으아악!"

짖는 소리에 놀란 샤오디가 등을 돌려 도망치기 시작했다. 그러자 개가 그 뒤를 쫓았다. 중간에 서 있던 펄도 덩달아 비명을 지르며 도망쳤다.

"꺄아아악! 엄마!"

펄과 샤오디는 누가 먼저랄 것도 없이 담장 위로 올라가 버둥거리며 넘어갔다.

컹컹! 컹컹컹!

개 또한 그대로 담장을 뛰어넘어 맹렬히 짖으며 펄과 샤오디를 쫓아왔다. 담장 주변에 있던 아이들도 비명을 지르며 메뚜기 떼처럼 흩어지기 시작했다.

"도, 도망가! 잡아먹힌다!"

"으아악! 사람 살려!"

그 와중에 펄은 자기도 모르게 샤오디의 손을 붙잡은 채 뛰고 있었다. 그동안 창밖으로 보기만 했던 흙길을 밟으며 달리고 또 달렸다. 두 사람이 달리기를 멈춘 건 저택에서 멀리 떨어진 강변까지 와서였다.

"하아, 하아……."

펄은 허리를 굽힌 채 가쁜 숨을 토하다가 눈앞에서 넘실거리는 강물을 보고는 정신이 번쩍 들었다. 아버지의 말을 어기고 저택에서 나온 것도 모자라 한참 떨어진 곳까지 와버리고 만 것이다. 옆에서 한숨 돌린 샤오디가 펄을 향해 쭈뼛거리며 물어왔다.

"괘, 괜찮아? 어디 다친 데는 없어?"

"다 너 때문이야!"

샤오디는 펄의 푸른 눈동자에 눈물이 그렁그렁 맺힌 걸 보고는 깜짝 놀랐다. 펄이 손으로 눈물을 훔치며 훌쩍거렸다.

"아버지가, 아버지가 절대 집 밖으로 나가지 말라고 하셨는데……. 너 때문에, 너 때문에! 으아아앙!"

펄은 결국 강변의 자갈밭에 털썩 주저앉아 커다랗게 울음을 터뜨리고 말았다. 샤오디는 계면쩍은 얼굴로 머리를 긁적이며 펄을 보다가 갑자기 쿡, 하고 웃음을 터뜨렸다. 그 소리를 들은 펄이 빨개진 눈을 치켜떴다.

"왜! 왜 웃는 거야!"

"겨우 집 밖으로 나왔다고 질질 짜는 걸 보니 귀신은 아니구나 싶어서."

태연하게 말하는 샤오디를 보며 펄이 벌떡 일어났다.

"뭐, 뭐? 이게 정말! 개한테 물릴 뻔한 걸 구해준 게 누군데 아직도 귀신 타령이야? 내가 정말 귀신으로 보여?"

펄은 언제 울었냐는 듯이 버럭버럭 소리를 질렀다. 샤오디는 그제야 웃음을 그치고는 두 손을 모으며 사과했다.

"미안해. 하지만 어른들은 정말 그렇게 말씀하신단 말이야."

"우리가 왜 너희를 잡아먹는다는 거야? 우리 아버지만 해도 벌써 몇 년째 이 나라에서 가난한 사람들을 돕고 계신단 말이야. 얼마 전에는 근처에 학교도 세우셨고."

샤오디는 목소리를 높이는 펄을 향해 담담히 대꾸했다.

"하지만 딸을 밖에 나가지도 못하게 하는 걸 보면 별로 좋은 아버지는 아닌 것 같은걸."

"그, 그건……."

그 말에는 펄도 반박할 수 없었다. 이윽고 샤오디도 바지를 툭툭 털며 바닥에 털썩 앉았다. 펄은 삐쳐서 볼을 잔뜩 부풀린 채 눈앞의 강물을 바라보다가 나란히 앉은 샤오디를 힐끔 훔쳐보았다.

샤오디가 물었다.

"왜? 할 말이라도 있어?"

펄은 망설이듯 손가락을 배배 꼬다가 입을 열었다.

"가까이서 보니까 생각만큼 더럽진 않은 것 같아서……."

샤오디는 무슨 말인지 모르겠다는 듯 눈만 깜빡였다. 펄이 무안한지 다른 쪽으로 고개를 슬쩍 돌리며 말했다.

"아버지가 그러셨단 말이야, 중국 사람들은 더럽다고. 목욕도 일 년에 한 번 할까 말까 하고, 화장실에 다녀와서 손도 안 씻으면서 음식을 손으로 막 먹는다고 말이야."

샤오디가 기가 막힌다는 듯 입을 쩍 벌렸다.

"날씨가 이렇게 더운데 목욕을 일 년에 한 번 하고 만다고? 그게 말이 돼? 우린 하루에도 몇 번씩 미역을 감는다고. 그리고 우리는 밥 먹을 때 항상 젓가락을 써. 더럽게 손을 왜 쓰니?"

샤오디는 헛기침을 하다가 다시 정색하며 말을 이었다.

"아무튼 우린 그렇게 더럽지 않아. 일 년에 한 번 씻는 건 저 멀리 강북江北에서도 사막과 가까운 오지인 화베이화북, 華北 지방 이야기라고. 거기는 물이 워낙에 부족하다 보니 어쩔 수 없이 못 씻는 거란 말이야."

하지만 펄은 고개를 갸웃거리며 샤오디의 맨살을 가리켰다.

"매일 미역을 감는다면 왜 이렇게 새까만 건데?"

"에이그, 바보. 이건 태어날 때부터 그랬던 거야. 너는 그럼 왜 그렇게 하얀 건데?"

샤오디의 말에 펄은 자신의 손등을 내려다보았다. 샤오디의 피부색을 보다가 자신을 보니 정말 이상할 정도로 하얗게 보였다.

"그런데 넌 이름이 뭐야?"

샤오디의 물음에 펄이 입을 삐죽 내밀었다.

"갑자기 이름은 왜?"

"그럼 계속 양키체라고 불러?"

펄은 잠시 고민하다가 한숨을 쉬며 대답했다.

"펄 사이든스트리커. 그냥 펄이라고 부르면 돼."

"푸얼?"

발음하기가 어려운지 샤오디가 입술을 삐죽거리며 괴상한 소리를 냈다. 그제야 펄은 킥, 하고 웃음을 터뜨렸다. 샤오디는 펄이 몇 번이나 고쳐준 후에야 그나마 좀 비슷한 발음을 할 수 있었다.

"참 괴상한 이름도 다 있네. 말하기도 힘들다."

"네 이름은 어떻고? 샤오디가 뭐니, 샤오디가."

"어? 어떻게 알았지?"

"다른 애들이 부르는 거 다 들었어."

펄은 샤오디를 향해 톡 쏘아붙이곤 고개를 돌렸다. 앞에 보이는 강물이 붉은 노을빛을 받아 오만 가지 색으로 반짝이고 있었다. 강 중앙으로는 당장 가라앉아도 이상하지 않을 것 같은 허름한 고깃배들이 천천히 지나고 있었고, 그 위에 앉은 어부들의 얼굴엔 하나같이 한가

한 웃음이 떠올라 있었다.

잠시 눈앞에 펼쳐진 풍경에 넋이 나가 있던 펄이 갑자기 비명을 지르며 벌떡 일어났다.

"엄마야! 큰일 났다!"

"갑자기 왜 그래?"

샤오디도 덩달아 일어나며 물었다. 펄이 안절부절못하며 말했다.

"아버지에게 저택 밖으로 나온 게 알려지면 평생 집 안에만 갇혀 있어야 할지도 몰라. 어머니가 알아채시기 전에 돌아가야 하는데……."

겁에 질려서 바들바들 떨던 펄의 손을 샤오디가 붙잡았다. 펄은 깜짝 놀라 손을 빼려고 했다.

"내가 데려다주면 되잖아? 여기 지리는 눈 감고도 훤해. 지름길로 가면 금방이야."

"치, 귀신 취급할 땐 언제고 이젠 또 친절한 척 하네?"

"미안, 사과할게. 친구들이 다 그러는데 나만 다른 소릴 했다간 따돌림 당한단 말이야."

두 손을 모으고 사과하는 샤오디를 보니, 안 좋았던 감정이 어느 정도 씻겨 나가는 느낌이었다. 까무잡잡한 얼굴에 어울리지 않는 새하얀 이를 드러내며 웃는 그의 얼굴도 호감이 갔다.

"그러고 보니 너는……, 처음에도 날 그렇게 무서워하는 기색이 아니었지?"

의아한 표정을 짓는 펄을 향해 샤오디가 고개를 끄덕였다.

"우리 아버지가 서양인들 공관에서 청소부로 일하시거든. 그래서 서양인들이 갓난아이를 잡아먹지 않는다는 것쯤은 알아. 하지만 다른 애들은 아니지. 서양인을 아예 본 적도 없는 애들도 많으니까."

펄의 머릿속에 자신을 보며 겁에 질린 얼굴로 양키체니 서양귀신이니 하며 비명을 질러대던 아이들의 모습이 떠올랐다. 간신히 진정됐던 기분이 들썩이며 다시 화가 치밀었다.

"이익! 대체 나처럼 연약한 소녀의 어디가 갓난애를 잡아먹을 것처럼 보인단 말이야? 다들 말도 안 되는 오해나 하고! 정말 열 받아!"

작은 주먹을 불끈 쥔 채 씩씩거리는 펄을 향해 샤오디가 조심스레 말을 걸었다.

"저기, 그래서 말인데……."

"뭐야? 엉뚱한 소리하면 한 대 맞을 줄 알아."

펄은 작은 주먹을 불끈 쥐며 샤오디를 쏘아보았다. 샤오디는 찔끔 겁을 먹은 얼굴로 주저주저하다가 간신히 말을 이었다.

"그 오해를 풀 수 있는 방법이 한 가지 있는데 말이야."

그 말에 펄의 눈이 반짝 빛났다. 자기를 사람 잡아먹는 귀신으로 몰아붙이는 아이들에게 한 방 먹이기 위해서라면 뭐든 할 수 있을 것 같았다. 샤오디가 뭔가 속삭이려는 듯이 펄의 귓가에 입을 가져갔다. 펄은 순간 흠칫 놀랐지만 이윽고 샤오디의 이야기에 귀를 기울였다.

"그러니까 말이지……."

다음 날 늦은 오후, 펄은 하인들 몰래 집을 나섰다. 아버지 압살롬은 여전히 지방에서 올라오지 않은 채였고, 어머니 캐롤라인은 거리 맞은편의 프랑스 공관에서 열리는 파티에 참석 중이었다.

샤오디와 만나기로 한 장소는 마을 외곽의 한적한 공터였다. 샤오디는 펄을 보자마자 손을 들며 아는 체를 했다. 다른 아이들은 허리까지 자란 잡초 사이에 몸을 웅크리고 앉아 있다가 펄을 발견하고는 호들갑을 떨어댔다.

"야, 양키체가 온다!"

"샤오디, 우린 도저히……."

펄은 성큼성큼 공터 안에 들어서며 큰 소리로 외쳤다.

"야! 너희들, 나나 다른 서양 사람들이 갓난애 잡아먹는 걸 한 번이라도 본 적이 있어?"

아이들은 파랗게 질린 얼굴로 서로를 쳐다보다가 고개를 저었다.

펄은 그것 보라는 듯이 어깨를 으쓱였다.

"그게 바로 미신이라는 거야. 몰라서 하는 소리라고."

아이들 중 하나가 소심하게 말했다.

"하지만 할아버지도 그렇고, 할머니도 그렇고 너희가 갓난아기를 잡아먹는다면서 조심하라고 하셨는걸."

"그래, 맞아. 우리 아버지도 그러셨어."

"나도 그렇게 들었어."

어느새 서로를 향해 고개를 끄덕이고 있는 아이들을 보며 펄은 이를 빠득빠득 갈았다. 펄의 눈빛이 심상치 않다는 걸 느낀 샤오디가 앞으로 나섰다.

"얘들아, 우리 여기서 이러지 말고 얘가 진짜 귀신인지 아닌지 확인해보는 건 어때?"

"확인해 본다고?"

샤오디의 말에 아이들이 눈을 동그랗게 떴다. 샤오디는 고개를 크게 끄덕였다.

"쟤를 관우 님의 사당에 들여보내는 거야."

"관우 님 사당에?"

관우는 잡귀와 불운을 떨쳐낼 수 있고 자손 대대로 건강을 얻는다 하여 중국 사람들이 가장 공경하는 신이었다. 펄도 책에서 읽은 적이 있었다. 살아 있을 적에는 중국 전체를 호령한 용맹한 장군이었기 때문에 귀신같이 부정한 것은 절대로 관우 사당 안에 들어오지 못한다는 믿음이 강했다.

"관우 님이시라면 귀신이 자기 사당에 들어오는 걸 용서하지 않으실 거야. 만약 저 애가 사당에 못 들어가면 귀신인 거고, 아무 일 없이 들어갔다 나오면 귀신이 아닌 거고. 어때? 한 번 확인해보고 싶지 않아?"

샤오디의 말에 아이들의 얼굴에 갈등하는 빛이 떠올랐다. 펄과 샤오디를 번갈아가며 쳐다보던 한 소년이 결심한 듯한 얼굴로 말했다.

"좋아, 나는 찬성!"

한 사람이 찬성을 하자 나머지 아이들도 연달아 고개를 끄덕였다. 펄과 샤오디는 남몰래 서로를 바라보며 한쪽 눈을 찡긋했다.

"하지만 한 가지 조건이 더 있어."

갑자기 아이들 사이에서 한 소년이 외쳤다. 얼굴이 뾰족한 것이 어딘지 밉살스런 인상이었다. 펄과 샤오디가 소년을 쳐다보며 물었다.

"조건이라니?"

"꼭 밤중에 갔다 와야 돼. 사당에 아무도 없을 때 들어가서 증거물로 제사용 촛대를 가져와."

"바, 밤중에?"

펄과 샤오디가 거의 동시에 소리를 질렀다.

"관우 님도 귀신들처럼 낮에는 주무실 테니까, 만나 뵈려면 밤에 가야 할 거 아냐?"

소년의 말에 다른 아이들도 웅성거리기 시작했다.

"하긴 사람들이 많이 있는 시간에는 관우 님이 못 나오시지."

"맞다, 저 양키체는 부자잖아. 자기네 집 하인을 시킬 수도 있어. 그러니 모두 잠든 밤에 가야 해."

"그래도 밤에는 좀……. 너도 밤에는 거기 못 가잖아?"

샤오디가 말을 꺼낸 소년을 향해 사정하듯 말했다. 하지만 소년은 무슨 일이 있어도 고집을 꺾지 않겠다는 듯 팔짱을 낀 채 고개를 저었다. 펄은 망설이다가 입술을 꽉 깨물며 결정을 내렸다.

"좋아! 까짓 거, 갔다 오면 되지. 대신에 내가 갔다 오면 너희들 모두 내가 시키는 대로 다 하는 거야. 알겠어?"

"조……, 좋아. 얼마든지."

소년이 떨떠름한 얼굴로 고개를 끄덕였다.

여름이라지만 밤바람은 제법 싸늘했다. 펄은 어깨를 잔뜩 움츠린 채 아무도 없는 오솔길을 걸었다. 가끔씩 어둠에 잠긴 수풀 속에서 뭔가 바스락거리며 움직이는 소리가 날 때마다 펄은 깜짝 놀라 몸을 바르르 떨었다.

"엄마, 무서워……."

펄은 기어들어가는 목소리로 중얼거리며 아직 파티장에 있을 캐롤라인을 찾았다. 한 손에 램프를 들고 있긴 했지만 위안이 되기엔 역부족이었다.

펄은 샤오디를 생각했다. 아마 다른 아이들과 아까 그 공터에서 펄이 돌아오기를 기다리고 있을 것이다. 샤오디는 자기가 꺼낸 말 때문에 펄이 밤중에 사당에 가야 할 처지가 되자 면목 없다는 듯 계속 사과를 했다.

"미안해. 내가 괜히 그런 말을 꺼내서……."

"괜찮아, 괜찮아. 어차피 밤에 가나 낮에 가나 별 차이도 없잖아?"

하지만 실은 엄청난 차이가 있었다. 멀리 보이는 산봉우리로부터

늑대 우는 소리가 들려오고, 숲 속 여기저기서는 부엉이 소리가 음산하게 울려 퍼졌다. 펄은 이를 딱딱 맞부딪히면서 간신히 앞으로 한 발짝 한 발짝 걸어갔다.

이윽고 눈앞에 사당이 나타났다. 건물 주변에는 온통 잡초가 무성했고, 지붕 위 기왓장은 태반이 깨지고 박살 나 있었다. 정말로 당장 귀신이 나타나도 이상할 게 없을 것 같았다.
"어, 엄마, 나 어떡해······."
펄은 당장 촛대고 뭐고 다 포기하고 돌아가고 싶은 심정이었다. 하지만 아이들에게 다시 양키체 취급당할 것을 생각하니 겁보다 화가 앞섰다.
'이대로 그냥 돌아가면 영락없이 서양귀신으로 몰리고 말 거야. 그럴 순 없어!'
펄은 이를 악물며 사당의 문고리를 잡아당겼다. 끼익, 하는 소름 끼치는 소리와 함께 문이 열렸다. 사당 내부는 바깥쪽과 마찬가지로 허름했다. 펄은 먼지가 두껍게 쌓인 마루 위로 발을 내딛었다.
'촛대는 어디에 있지?'
다행히도 촛대는 입구 정면에 보이는 관우상 앞에 놓여 있었다. 시뻘겋게 칠한 얼굴에 긴 수염을 기르고 눈을 부릅뜬 관우상은 무시무시하기 그지없는 모습이었다.
"죄송합니다. 잠깐만 빌려 갈게요!"
펄은 관우상을 향해 고개를 꾸벅 숙여보이곤 잽싸게 촛대를 향해 손을 뻗었다. 하지만 촛대에 정신이 팔리는 바람에 자신이 밟고 있는 마룻바닥이 삐걱거리는 소리를 내며 흔들리고 있는 건 눈치 채지 못했다.

"이제 됐……, 꺄아악!"

우지끈!

펄이 촛대를 움켜쥐는 것과 동시에 발밑의 마룻바닥이 요란한 소리를 내며 아래로 꺼졌다.

쿠웅!

"아얏!"

펄은 기세 좋게 흙바닥에 엉덩방아를 찧었다. 어찌나 아픈지 찔끔 눈물이 나올 지경이었다. 낡은 마룻바닥이 부서지면서 아래쪽 빈 공간으로 굴러 떨어지고 말았던 것이다.

"아야야……, 하필이면 왜 이런 때 부서지고 난리야!"

펄은 구멍 밖으로 나가려고 위쪽으로 팔을 뻗어보았다. 하지만 턱도 없었다. 어른이라면 혼자서도 문제없이 나갈 수 있는 깊이였지만, 펄은 아직 웬만한 어른 가슴 높이에도 못 미치는 키였다. 까치발을 딛고 펄쩍 뛰기도 해봤지만 소용없었다.

펄의 눈동자가 서서히 불안감으로 물들기 시작했다.

"어, 어떡하지? 누구 없어요?"

하지만 대답해주는 사람은 아무도 없었다. 구멍 위쪽으로 보이는 관우상만이 부리부리한 눈으로 펄을 내려다보고 있을 뿐이었다.

결국 펄은 겁먹은 얼굴로 바닥에 풀썩 주저앉고 말았다. 여기서 이대로 영원히 갇혀 있게 될지도 모른다는 생각이 머릿속을 가득 메웠다.

바로 그 순간, 누군가의 외침이 펄의 귓가를 울렸다.

"잡아!"

고개를 든 펄의 눈에 구멍 위에서 누군가 손을 뻗고 있는 게 보였

다. 샤오디였다. 어안이 벙벙한 눈으로 바라보는 펄을 향해 샤오디가 재차 소리쳤다.

"어서 안 잡고 뭐해?"

펄은 자리에서 튕기듯 일어나 샤오디의 손을 꽉 붙잡았다.

"끄으응!"

샤오디가 안간힘을 쓰며 펄을 구멍 위로 끌어올렸다. 마루 위로 올라온 펄은 이해가 안 간다는 표정으로 샤오디를 바라보며 물었다.

"어, 어떻게 여기에 온 거야?"

샤오디가 얼굴에 흐르는 땀을 손등으로 훔치며 대답했다.

"아무래도 이런 일이 생길 것 같아서 애들한테 화장실 간다고 뻥치고 따라왔지."

"뭐? 너 정말……."

펄은 어이없다는 듯이 소리치다가 갑자기 킥킥거리며 웃기 시작했다. 샤오디도 따라서 웃었다. 이윽고 샤오디가 펄을 향해 물었다.

"촛대는 어떻게 됐어? 찾았어?"

"아차!"

그제야 펄은 화들짝 놀라며 자신이 빠졌던 구멍을 내려다보았다. 펄과 함께 떨어질 때 엉덩이에 깔리기라도 한 것인지, 촛대는 형체도 알아볼 수 없을 정도로 산산조각이 나서 흩어져 있었다. 샤오디가 난감한 표정으로 물었다.

"이제 어떻게 하지?"

"글쎄……."

그때, 주변을 둘러보던 펄의 눈이 무언가 발견한 듯 반짝 빛났다.

"대신에 저걸 가져가면 어떨까?"

"자, 받아."

"으악!"

공터로 돌아온 펄이 커다란 칼을 내밀자 아이들이 괴성을 질렀다. 알록달록하게 색을 칠한 칼날에는 관성제군關聖帝君, 관우의 신령을 이르는 말이란 글씨가 또렷이 새겨져 있었다. 관우의 사당에 있던 물건이라는 증거였다.

"가지고 왔잖아. 받으라니까?"

펄이 다시 한 번 칼을 불쑥 내밀자 아이들은 또 한 번 뒤로 물러섰다. 펄은 의기양양한 표정으로 허리에 손을 짚으며 아이들을 쳐다보았다.

"자, 이제 내가 귀신이 아니란 걸 믿겠지?"

아이들은 인정하고 싶지 않은 눈치였지만 결국 고개를 끄덕였다.

"그럼 이제 내가 시키는 대로 다 하는 거지?"

그 말에 낮에 고집을 부렸던 밉살스런 소년이 반발했다.

"그, 그런 게 어딨어? 원래는 촛대를 가져오기로 했었잖아?"

"뭐가 어쩌고 어째?"

펄이 버럭 소리를 지르자 샤오디가 재빨리 둘 사이에 끼어들었다.

"촛대는 아니지만 촛대보다 더 크고 대단한 걸 가져왔잖아. 그러니 당연히 인정해줘야 한다고 생각해."

그 말에 아이들 모두가 샤오디를 쳐다보았다. 펄이 되돌아오는 길과는 다른 길로 멀리 돌아오느라 콧등에 땀이 송골송골 맺혀 있었지만 힘든 기색은 전혀 없었다.

"인정 못하겠어? 그럼 네가 이걸 도로 사당 안에 가져다 놓든가. 그러면 네 말대로 할게."

펄이 다시 칼을 내밀자 소년이 어깨를 움찔거렸다.

갑자기 샤오디가 아이들을 헤치며 앞으로 나서더니 펄을 향해 불쑥 손을 내밀었다. 방금 전, 사당 안에서 펄이 떨어져 있을 때 붙잡아주었던 바로 그 손이었다.

"내 이름은 샤오디야. 그동안 오해해서 미안해."

펄은 시치미를 뚝 뗀 채 말하는 샤오디를 보자 웃음이 터져 나올 것 같았지만 간신히 참았다. 펄은 샤오디가 내민 손을 맞잡으며 빙긋 웃었다.

"내 이름은 펄, 펄 사이든스트리커야. 앞으로 잘 부탁해."

그런 모습을 보자 아이들의 얼굴에 서렸던 경계심도 서서히 풀어지기 시작했다. 뒤에서 어물거리고만 있던 아이들이 어느새 펄을 향해 하나둘씩 다가오고 있었다.

"정말로 귀신이 아니었구나……, 미안해."

"그럼 바다 건너 양키 나라에서 온 거야?"

"귀신이 아니면 머리랑 눈 색깔은 왜 그런 건데?"

주변에 모여든 아이들이 온갖 질문을 쏟아내기 시작했다.

펄은 샤오디를 흘낏 쳐다보았다. 까무잡잡한 얼굴에 어울리지 않게 하얀 이를 드러내며 웃고 있는 모습이 보기 좋았다. 펄도 정말 오랜만에 진심으로 웃을 수 있었다.

그 후로도 펄은 아버지 압살롬과 어머니 캐롤라인 앞에선 여전히 저택과 정원에 갇힌 소녀의 모습을 연기했다. 하지만 압살롬이 집을 비우기만 하면 곧장 공터로 나와 샤오디를 비롯한 중국인 아이들과 함께 어울렸다.

한편, 펄의 눈이 닿지 않는 곳에서 세상은 빠르게 변하고 있었다. 전 세계 곳곳에서 전쟁과 혁명이 끊이지 않았다. 오랫동안 청 왕조의 통치 아래 잠들어 있던 중국 대륙 또한 커다란 변화를 눈앞에 두고 있었다.

이미 중국인들은 서양과 일본을 비롯한 외세의 위협 앞에 백기를 든 청 왕조의 무능에 실망할 대로 실망한 상태였다. 때맞춰 등장한 쑨원 등의 혁명가들은 새로운 중국을 꿈꾸던 중국인들에게 청 왕조를 타파해야 한다는 의식을 불어넣어 주었고, 이러한 움직임은 결국 신해혁명辛亥革命, 신해년이 되는 1911년에 일어난 중국의 민주주의 혁명. 청나라가 무너지고 중화민국이 탄생했다으로 촉발되었다.

이에 청 왕조는 최후의 발악으로 북양군 사령관인 위안스카이를 시켜 혁명을 진압하고자 했다. 하지만 혁명 세력의 주장에 동조하고 있던 위안스카이는 명령을 어기고 군대를 회군, 청 왕조의 심장부인 자금성으로 들어가 마지막 황제였던 선통제를 폐위시켰다. 영원할 것만 같았던 청 왕조도 세월의 흐름 앞에서 한낱 모래성처럼 무너지고 만 것이다.

펄도 더 이상 예전의 그 꼬마가 아니었다. 올해로 열여덟 살, 작기만 하던 키는 어느새 훌쩍 자라서 캐롤라인과 비슷할 정도가 되었고, 귀엽게만 보이던 얼굴에도 숙녀티가 완연히 묻어났다.

하지만 여전히 변하지 않은 점들도 있었다. 펄은 요즘도 정원에서 홀로 책 읽는 일을 즐겼다. 그리고 아버지 압살롬을 제외한 모든 사람들이 고개를 절레절레 저을 정도로 왈가닥인 성격도 어린 시절 그대로였다.

"뻐꾹! 뻐꾹!"

담장 너머에서 뻐꾸기 소리가 들려오자 펄은 읽던 책을 탁 덮었다. 아직 추위가 다 가시지 않은 쌀쌀한 날씨에 들려온 뻐꾸기 소리는 어딘지 어색했지만 펄은 반색을 했다. 펄은 주변을 휘휘 둘러보다가 낙엽을 쓸고 있던 중국인 하인을 발견하고는 손짓을 했다.

"린뱌오, 이리 와!"

두툼한 솜옷을 입은 린뱌오는 빗자루를 내려놓고는 펄에게 다가왔다. 이곳에서 일하기 시작한 지는 얼마 되지 않았지만, 펄과 비슷한 또래에다가 하인답지 않게 펄을 스스럼없이 대해줘서 죽이 잘 맞는 사이였다.

"왜요, 또 뭔가 시키실 일이 생기셨습니까?"

펄은 읽던 책을 린뱌오의 품에 던져주듯 안기며 말했다.

"지금 좀 나갔다 올 테니까 아버지께 대충 둘러대 줘."

린뱌오가 펄을 흘겨보았다.

"또요? 대체 무슨 바람이 드셨기에 하루도 얌전히 계시질 못합니까? 이러다가 주인님께 들키기라도 하면……."

인상을 찡그리며 잔소리를 늘어놓는 린뱌오를 향해 펄이 주먹을 들어보였다.

"몇 대 맞고 할래, 아니면 그냥 할래?"

"그야……, 당연히 그냥 하는 게 낫지요."

린뱌오가 체념한 표정으로 한숨을 쉬었다. 펄은 그제야 씩 웃었다.

"그럼 부탁해. 해 지기 전까진 돌아올게!"

펄은 린뱌오를 향해 손을 흔들어 보이고는 가볍게 담장을 타 넘어 밖으로 사라졌다. 린뱌오는 그 뒷모습을 걱정스러운 듯이 바라보다가 혼잣말로 중얼거렸다.

"저러다 언제 한 번 큰일이 터지고 말지, 큰일이 터져."

샤오디는 담장 밖 가로수 뒤편에서 기다리고 있었다. 펄이 숙녀로 자랐듯 샤오디 또한 의젓한 청년이 다 되어 있었다. 하지만 까무잡잡한 피부, 그리고 그와 대비되는 하얗고 가지런한 이만큼은 예전 그대로였다.

"샤오디!"

펄이 부르자 샤오디가 뻐꾸기 소리를 멈추고 손을 흔들었다. 평소에는 다른 친구들 두세 명 정도와 함께 찾아오는 게 보통인데, 오늘은 왜인지 다른 아이들이 보이지 않았다. 펄은 고개를 갸웃거리며 물었다.

"다른 애들은?"

"오늘은 좀 특별한 일이 있거든."

"특별한 일?"

펄이 묻자 샤오디는 괜히 헛기침을 하며 대답을 얼버무렸다. 그리고는 서둘러 펄의 손목을 잡아끌었다.

"그 얘긴 나중에 하고, 일단 축제부터 구경하러 가자."

"축제?"

"춘절새해 축제 말이야. 전에 데려가 달라고 했었잖아?"

"그게 오늘이었어?"

중국은 날짜를 계산하는 방법이 서양과는 달랐다. 그래서 서양의 새해보다 한 달 정도 늦게 새해맞이 축제를 열었다. 펄은 흥분으로 눈을 반짝반짝 빛내며 오히려 샤오디를 잡아끌기 시작했다.

"빨리! 빨리 가보자!"

강둑 근처에서부터 시작된 축제 행렬은 사람들의 발길이 많은 시장으로 이어지고 있었다. 평소에도 사람이 많았지만 오늘은 정말 발 디딜 틈도 없을 정도였다. 인파에 치이면서도 펄은 호기심 어린 얼굴로 주변을 구경하기에 여념이 없었다.

"세상에! 샤오디, 저것 좀 봐! 저게 대체 뭐야?"

"용춤이라는 거야. 잡귀를 쫓고 행운을 부르는 효과가 있대."

울긋불긋하게 칠한 용의 탈을 뒤집어쓴 사람들이 흥겹게 춤을 추며 거리를 지나고 있었다. 그 뒤로 사자탈과 호랑이탈을 쓴 사람들도 한바탕 춤판을 벌이고 있었다. 정신없이 그곳을 바라보던 펄이 갑자기

헉하고 숨을 들이켰다.

"꺄악! 샤오디! 저 아저씨, 불을 삼켰어!"

불이 붙은 쇠막대를 자기 입 속으로 쑤셔 넣는 남자를 가리키며 펄이 호들갑을 떨었다. 샤오디가 피식 웃으며 설명했다.

"차력사들이야. 이렇게 축제를 벌이고 있는 곳에 와서 묘기를 보여 주고 돈을 버는 거지. 특별한 훈련을 하기 때문에 저렇게 해도 몸이 상하지 않는대."

펄은 입을 헤벌린 채 차력사들의 모습을 빤히 쳐다보았다. 그것 말고도 구경거리는 끝이 없었다. 펄은 끊임없이 비명 같은 감탄사를 터뜨렸고, 그때마다 샤오디는 친절하게 설명하기를 반복했다.

이윽고 상점들이 늘어선 거리에 들어서자 축제 행렬이 이미 지나간 듯 조금은 한산한 거리에 도착했다. 펄은 고개를 휘휘 저으며 말했다.

"와아, 어지럽다. 완전 '이상한 나라의 앨리스'가 된 기분이야."

샤오디는 그런 펄을 보며 뭔가 고민이 있는 듯 입술을 꽉 깨물었다가 주먹을 움켜쥐기를 반복했다. 하지만 펄은 눈치채지 못한 채 상점 앞에 놓인 좌판들을 둘러보느라 정신이 없었다. 마침내 샤오디가 입을 열려는 순간, 펄이 눈을 반짝이며 멀리 있는 좌판으로 뛰어갔다.

"어머, 너무 예쁘다!"

펄이 향한 곳은 머리장식을 늘어놓고 파는 좌판이었다. 펄은 그중에서도 유백색 광채를 머금고 있는 나비 모양 머리장식에서 눈을 떼지 못하고 있었다. 머리장식 위에 돋을새김으로 새겨진 꽃문양이 돋보였다. 잇따라 감탄하는 펄을 보며 샤오디가 물었다.

"이게 마음에 들어?"

"마음에 들긴 하는데……. 너도 알잖아? 내가 세상에서 가장 가난하다는 거."

펄은 어깨를 으쓱이며 텅 빈 주머니를 뒤집어 보였다. 압살롬은 펄에게 용돈이란 것을 아예 주지 않았다. 밖에 나갈 일이 없으니 돈도 필요 없다는 식이었다. 펄은 한숨을 쉬며 고개를 절레절레 저었다.

"할 수 없지, 뭐. 다른 데로 가자."

"잠깐만, 그냥 가면 안 되지. 자, 받아."

갑자기 샤오디가 머리장식을 냉큼 집더니 펄의 손에다 쥐여 주었다. 그리곤 품에서 붉은색 돈주머니를 꺼내더니 상인에게 값을 치렀다. 펄은 놀란 눈으로 머리장식과 샤오디를 번갈아 쳐다보았다.

"너 미쳤어? 돈이 어딨다고 이 비싼 걸 사?"

"그냥 받아둬. 춘절 용돈도 두둑이 받았고, 요 며칠간 장씨 아저씨네 일을 도와주고 얻은 품삯도 남았으니까."

샤오디는 돈주머니를 흔들어 보이며 씩 웃었다. 그가 말한 대로 머리장식 값을 치르고도 돈이 꽤 남았는지 안에서 짤랑거리는 소리가 났다.

"고마워. 나중에 꼭 갚을게."

"필요 없어. 어울리는지 한 번 달아보기나 해."

"그럴까?"

펄은 웃으며 머리장식을 뒷머리에 달았다. 우윳빛을 머금은 머리장식이 펄의 황금색 머리칼 위에서 찬란하게 반짝였다. 그 모습을 보던 샤오디가 괜히 붉어진 얼굴로 헛기침을 했다.

"흠, 흠흠, 이제 슬슬 가야겠다."

"응? 벌써?"

"급한 일이 있어서……. 그럼 나중에 봐!"

샤오디는 손을 흔들어 보이고는 곧바로 등을 돌려 반대쪽으로 뛰기 시작했다. 그 모습을 보던 펄은 자기도 모르게 가슴이 두근거리는 걸 느끼며 머리장식을 어루만졌다. 어느새 해가 서쪽으로 한참 기울고 있었다.

"날이 갈수록 담장 넘는 실력이 일취월장하시는군요. 그러다 동네 도둑고양이들이 누님이라고 부르겠습니다."

펄이 훌쩍 담장을 넘자 린뱌오가 시큰둥한 얼굴로 투덜거리며 말했다. 펄은 그를 한 차례 흘겨보곤 치마를 툭툭 털며 말했다.

"시끄러워. 아버지께는 잘 말씀드렸어?"

"로버트 씨 댁에 독서모임이 있어서 나가셨다고 말씀은 드렸지요."

"좋아, 잘했어."

펄은 린뱌오의 어깨를 두드려주고는 재빨리 자기 방으로 뛰어 올라갔다. 그리고는 거울을 보며 조심스레 머리장식을 떼어냈다. 흐릿한 등불 아래 머리장식이 유난히 반짝였다. 더불어 자신을 바라보던 샤오디의 눈동자도 함께 떠올랐다. 펄은 마침 방문 앞을 지나던 린뱌오를 불러 세웠다.

"저기, 린뱌오."

"아가씨, 또 다른 사고를 치기에는 시간이 너무 늦었다고요. 곧 주인님이 오실걸요?"

"야! 누가 들으면 내가 무슨 사고뭉치인 줄 알겠다! 아무튼, 한 가지 좀 물어볼게."

"예, 예, 물어보세요. 아는 거면 대답해 드리죠."
펄은 대단한 질문이라도 되는 듯 심호흡을 한 차례 하고는 입을 열었다.
"남자가 말이야. 갑자기 여자에게 뭔가를 사주는 건 어떤 의미일까?"
린뱌오가 의아한 듯 눈썹 사이를 찌푸렸다.
"무슨 말인지 도대체 못 알아듣겠는데요?"
펄은 답답하다는 듯 린뱌오를 손짓해 방 안으로 불렀다. 그리고 양손으로 감싸고 있던 머리장식을 살짝 보여주었다.
"사실은 나 오늘 샤오디에게 이걸 받았는데 부담도 되고 기쁘기도 하고……, 자꾸 걔 얼굴이 떠올라."
고민하는 펄과 달리 린뱌오는 명쾌하게 대답했다.

"나 참, 남자가 춘절에 가진 돈을 몽땅 털어서 요런 걸 사준 이유가 뭐겠어요? 고백 대신 준 거예요."

"고백?"

린뱌오의 말에 펄의 얼굴이 홍당무처럼 붉게 물들었다. 그제야 펄은 샤오디가 말했던 특별한 일이란 게 뭔지 알 것 같았다. 샤오디의 붉어진 얼굴도, 아쉬워하던 표정도 다 이해가 되었다. 린뱌오가 홍시처럼 붉어진 펄을 보며 씩 웃었다.

"아이고, 어떤 녀석인지 몰라도 아가씨처럼 둔한 사람하고 연애하려면 속 좀 썩이겠습니다."

"뭐, 뭐가 어쩌고 어째?"

펄은 자신을 약 올리는 린뱌오를 향해 주먹을 붕붕 휘둘러 보였다. 린뱌오는 혀를 날름 빼물고는 복도로 한 걸음 물러서다가 갑자기 화들짝 놀라 고개를 숙였다.

"이제 오셨습니까, 주인님?"

아래쪽 계단에서 압살롬이 올라온 것이다. 펄은 재빨리 얼굴색을 고치며 머리장식을 서랍 안에 집어넣었다. 서랍이 닫히는 것과 거의 동시에 압살롬이 펄의 방문 앞에 도착했다. 언제나 그랬던 것처럼 그의 얼굴은 엄격하게 굳어 있었다.

"손님이 계시는데 목소리가 왜 그리 큰 게냐?"

"죄송합니다. 앞으로는 조심할게요."

펄은 사내아이처럼 고개를 푹 숙였다. 압살롬은 답답하다는 듯 혀를 찼다.

"숙녀는 그렇게 행동하는 게 아니라고 몇 번을 말했느냐?"

"아차! 죄송합니다……, 아버지."

펄은 화들짝 놀라며 허리를 세운 채 치맛자락을 살짝 들어 올렸다. 하지만 그 바람에 거리를 뛰어다니느라 흙먼지로 더러워진 구두가 훤히 드러났다. 펄은 아차 싶어 재빨리 치마를 내렸지만 이미 압살롬은 차가운 눈으로 린뱌오를 보고 있었다.

"아까 펄이 어딜 다녀왔다고 했지?"

압살롬의 나지막한 음성에 린뱌오는 감히 고개도 들지 못한 채 기어들어가는 목소리로 말했다.

"아, 아가씨께서는 로버트 씨 댁 독서모임에 다녀오셨습니다."

"로버트 씨 저택이 흙구덩이라도 되었단 말이냐? 린뱌오! 네 녀석 혹시 나에게 거짓말을 한 것이더냐?"

"그, 그것이……."

린뱌오의 몸이 사시나무처럼 떨렸다. 그동안 한 거짓말이 들통 나면 펄이야 종아리 몇 대와 방에 며칠 갇히는 것 정도로 끝나겠지만 린뱌오는 그렇지 못했다.

펄이 다급히 앞으로 나섰다.

"린뱌오 말이 맞아요! 그 집 마차가 고, 고장 나는 바람에 걸어서 집에 왔거든요. 춘절이라 사람도 많고 해서 일부러 멀리 돌아오는 바람에……."

펄의 새파란 눈동자를 들여다보던 압살롬이 헛기침을 하며 다른 쪽으로 눈길을 돌렸다. 린뱌오와 펄은 동시에 속으로 안도의 한숨을 내쉬었다. 하지만 이어진 압살롬의 말은 펄을 다시 경악하게 만들기에 충분했다.

"좋다, 어차피 며칠 있으면 너도 아예 미국으로 가게 될 테니까. 그동안은 내가 집에 머물며 지켜봐야겠다."

펄은 잠시 동안 머릿속이 하얗게 변한 것만 같았다.

"자, 잠깐만요! 갑자기 미국이라니요?"

계단으로 향하던 압살롬을 펄이 다급히 가로막았다. 압살롬은 태연히 고개를 끄덕였다.

"너도 이제 나이가 찼으니 고향으로 돌아가서 제대로 공부를 해야 할 것 아니냐? 미국에 있는 대학에 보내기로 네 엄마랑 결정을 봤다. 배편이랑 열차는 미리 알아뒀고, 입학수속도 끝마쳤으니 너는 네 짐만 챙겨서 가면 돼."

압살롬은 마치 옆집에 다녀오는 일이라도 되는 양 대수롭지 않게 말하고 있었다. 하지만 펄은 큰 충격을 받은 나머지 비틀거리다가 간신히 계단 난간을 움켜쥐었다. 그녀가 압살롬을 보며 단호히 고개를 저었다.

"싫어요. 저는 안 가요."

펄의 말에 잠시 동안 침묵이 흘렀다. 린뱌오는 불안한 얼굴로 압살롬과 그 앞을 가로막듯 서 있는 펄을 쳐다보았다. 소란을 눈치챘는지 캐롤라인과 다른 하인들이 계단 주변으로 몰려들었다.

"지금 뭐라고 했느냐?"

압살롬의 목소리가 집 안에 낮게 깔렸다. 반대로 펄은 소리 높여 말했다.

"저는 안 갈 거라고요. 아버지는 제 생각을 한 번도 물어보신 적이 없잖아요. 이제 겨우 이 땅에 익숙해졌다고요. 친구도, 소중한 사람도 생겼어요. 제게 고향은 기억도 안 나는 미국이 아니라, 여기 중국이라고요!"

생각지도 못한 펄의 반항에 압살롬의 얼굴이 잔뜩 구겨졌다.

"뭣이? 이 더러운 땅이 왜 너의 고향이라는 거냐? 게다가 뭐라고? 소중한 사람? 그게 대체 누구냐!"

펄은 아차 싶어 입술을 깨물었다. 압살롬은 분노한 모습으로 펄의 손목을 힘껏 비틀어 잡았다.

"꺄악!"

"여보!"

캐롤라인이 비명처럼 외쳤지만 압살롬은 아랑곳하지 않고 펄을 방 안에 내동댕이쳤다.

"꺄아아악!"

바닥에 나뒹굴며 펄은 비명을 질렀다. 그런 펄의 등 뒤로 쿵, 하고 문짝이 거칠게 닫혔다. 뒤이어 철컥하고 바깥에서 자물쇠를 거는 소리가 들렸다.

"린뱌오! 펄이 절대로 자기 방에서 나오지 못하게 해라! 미국으로 가기 전까진 밖으로 한 발짝도 못 나오게 해! 알겠나?"

압살롬의 분노에 찬 고함소리가 방문 밖에서 들려왔다. 침대 밑에 웅크리고 앉은 펄의 입에서 작은 흐느낌이 새어나왔다. 이윽고 죽음과도 같은 침묵이 방 안에 무겁게 깔렸다.

"아가씨, 식사 가져왔습니다."

수프와 빵이 담긴 쟁반을 가지고 온 린뱌오가 펄의 방문을 두드렸다. 하지만 문 건너편에선 아무런 반응도 없었다. 펄은 방에 갇힌 후, 한밤중이 된 지금까지 아무 말도 않은 채 침묵하고 있었다. 린뱌오는 낮게 한숨을 쉬며 다시 문을 두드렸다.

"미국을 가든 안 가든 뭘 좀 드셔야죠. 이러다 미국보다 병원에 먼저 실려 가시겠어요."

하지만 이번에도 돌아오는 것은 침묵뿐이었다. 린뱌오는 두어 번 더 문을 두드려본 뒤 고개를 절레절레 저으며 돌아섰다. 그때, 혹시나 하는 불안감이 린뱌오의 머릿속에 떠올랐다.

'이거 설마……?'

린뱌오는 급히 쟁반을 바닥에 내려놓곤 주머니를 뒤져 방 열쇠를 찾았다. 그리곤 황급히 방문을 열고 안으로 들어갔다.

"으악! 안 돼!"

방 안은 텅 비어 있었다. 침대보는 어지럽게 흐트러져 있었고, 창가에 가지런히 매달려 있어야 할 커튼은 몇 갈래로 찢어진 채 창문 밖으로 이어져 있었다. 열린 창문으로 들어오는 바람에 반으로 찢어진 커튼이 하늘하늘 춤을 추었다. 얼굴이 하얗게 질린 린뱌오가 신음을 흘리며 바닥에 주저앉았다.

"아이고, 아가씨……. 결국 큰일을 벌이고 마셨네."

펄은 잠옷 차림으로 아무도 없는 밤거리를 달리고 또 달렸다. 정신을 차리고 보니 어느새 강에 걸린 다리를 건너 허름한 집들이 모여 있는 빈촌에 도착해 있었다. 그제야 펄은 이곳이 샤오디의 집 근처라는 것을 알아차렸다.

'안 돼. 지금 거기로 가봤자 아무것도 해결되지 않아.'

하지만 달리 생각나는 곳도, 생각나는 사람도 없었다. 펄은 꽉 쥐고 있던 손을 펴고 안에 있는 물건을 내려다보았다. 달도 없는 밤중이었지만 머리장식은 여전히 뽀얀 빛을 발했다. 펄은 머리장식을 다시 손 안에 움켜쥐고는 샤오디의 집 앞으로 걸음을 옮겼다. 그리곤 싸리나무를 엮어 만든 대문 앞에서 샤오디처럼 뻐꾸기 울음소리를 흉내 냈다.

"뻐꾹! 뻐꾹!"

처음 해보는 거라 괴상한 소리가 났지만 다행히 샤오디는 금방 뛰어나왔다. 샤오디는 잠옷 차림을 한 펄을 보고는 눈을 휘둥그레 떴다.

"펄? 너 어떻게 된 거야?"

펄은 대답 대신 바닥에 풀썩 주저앉았다. 벌써 눈에 눈물이 맺히고 있었다. 샤오디는 난처한 얼굴로 주변을 살핀 뒤 아무도 없는 걸 확인하곤 펄을 부축해 일으켰다.

"일단 저쪽으로 들어가자."

샤오디가 펄을 데려간 곳은 농기구와 짚단 따위를 보관하는 헛간이었다. 허름했지만 찬바람이 몰아치는 바깥보다는 아늑했다. 샤오디는 펄의 어깨에 자신이 입고 나온 겉옷을 걸쳐주며 물었다.

"대체 무슨 일이야? 왜 이런 시간에 그런 차림으로……."

"아버지가 날 미국으로 보내버리겠대."

펄의 말에 샤오디가 망치로 뒤통수를 맞은 듯 멍한 표정을 지었다. 펄은 입술을 꾹 깨문 채 간신히 울음을 참았다. 샤오디가 한참 만에 더듬거리며 입을 열었다.

"너, 너는 어쩔 건데?"

"난 가기 싫어! 너랑 헤어지고 싶지 않아."

펄이 고개를 도리질하며 외쳤다. 샤오디는 그제야 펄이 꽁꽁 언 손으로 쥐고 있는 것이 자신이 선물한 머리장식이란 걸 알아차렸다. 고민하던 샤오디가 문득 물었다.

"그럼 우리……, 다른 곳으로 가지 않을래?"

"다른 곳?"

펄은 축축하게 젖은 눈을 들어 샤오디를 쳐다보았다. 샤오디가 고개를 끄덕였다.

"나 오래 전부터 생각하고 있었거든. 베이징 같은 대도시로 가면 서양인이 많으니까 너도 그다지 눈에 띄지 않을 거야. 그리고 나도 이제 일을 할 수 있는 나이고."

샤오디는 어느새 펄의 손을 꽉 붙잡고 있었다. 손금을 타고 온기가 전해졌다. 펄은 그 따스함을 느끼며 샤오디를 향해 천천히 고개를 끄덕였다.

"나도……."

콰앙!

헛간의 문짝이 부서질 듯 열리며 펄의 말을 끊었다. 펄과 샤오디는 깜짝 놀라 고개를 돌렸다. 삐걱거리는 문짝 뒤편으로 압살롬과 하인들의 모습이 보였다.

"아, 아버지!"

부들부들 떠는 펄과 샤오디를 바라보는 압살롬의 표정은 얼음보다도 더욱 차가웠다.

"감히 내 말을 거역하고 도망을 치다니……. 그것도 더러운 중국

놈에게."

"그게 아니에요. 그게 아니라……."

압살롬이 뒤편을 향해 손짓했다. 그의 뒤로는 셀 수도 없을 만큼 많은 횃불들이 늘어서 있었다. 저택의 하인들뿐만 아니라 관청에서 나온 병사들까지 섞여 있었다. 샤오디의 가족들과 이웃 주민들은 살기등등한 기세에 눌려 숨소리도 내지 못한 채 멀찍이 떨어져 있었다.

"아버지……. 꺄악!"

펄이 입을 여는 순간, 압살롬의 커다란 손이 그녀의 뺨을 후려쳤다. 펄은 외마디 비명을 지르며 바닥에 고꾸라졌다.

"펄!"

샤오디가 황급히 펄을 감싸 안았다. 그 모습을 보는 압살롬의 얼굴에 가늠할 수 없는 분노가 떠올랐다. 압살롬이 이를 뿌드득 갈며 쉰 목소리로 중얼거렸다.

"감히 너 따위 놈이 내 딸을 꾀어내다니……."

"그런 게 아닙니다! 우리는……!"

샤오디의 말에 압살롬이 눈썹을 실룩였다.

"우리? 지금 펄과 네놈을 우리라고 부른 거냐?"

압살롬의 눈동자가 차갑게 번들거렸다. 펄과 샤오디는 침을 꿀꺽 삼키며 압살롬을 쳐다보았다.

"이놈을 당장 밖으로 끌어내!"

"예! 나리!"

압살롬의 외침에 하인과 병사들이 헛간으로 들이닥쳤다. 샤오디는 최대한 저항했지만 우악스러운 하인과 병사들의 손길을 이겨내지 못하고 바깥으로 끌려 나가고 말았다.

"샤오디! 샤오디!"

압살롬에게 팔을 붙잡힌 펄이 애타게 외쳤다. 압살롬은 그런 펄의 모습에 더욱 분노한 듯 입술을 부르르 떨며 외쳤다.

"저놈을 반쯤 죽여놔라!"

그 말과 동시에 몽둥이질이 시작됐다. 하인들은 하인들대로 일자리를 계속 유지하기 위해, 병사들은 이 근방의 서양인들에게 영향력이 있는 압살롬에게 잘 보이기 위해 샤오디를 무자비하게 때리고 짓밟았다. 샤오디는 잔뜩 웅크린 채 비명조차 지르지 못하고 몸을 뒤틀었다.

"안 돼! 그만! 그만두세요! 이러다 죽겠어요!"

펄이 애원했지만 압살롬은 미동도 하지 않았다. 펄은 필사적으로 몸을 비틀어 압살롬의 손아귀에서 빠져나와 샤오디를 향해 달리기 시작했다. 하지만 몇 걸음도 못 가서 누군가의 손에 또 붙잡히고 말았다.

"아가씨, 소용없어요. 그러게 얌전히 계시지 않고요."

다름 아닌 린뱌오의 목소리였다. 펄은 눈을 부릅뜨며 린뱌오의 얼굴을 돌아보았다.

"너, 그걸 말이라고……!"

하지만 펄은 더 말하지 못했다. 린뱌오의 얼굴은 지금 얻어맞고 있는 샤오디만큼이나 엉망이 되어 있었다. 온 얼굴이 피투성이였고, 한쪽 눈은 뜨지도 못할 만큼 부어오른 모습이었다. 상황을 알아차린 펄의 목소리가 떨리기 시작했다.

"나 때문인 거야? 너도, 샤오디도……."

린뱌오는 고개를 푹 숙인 채 펄을 붙잡은 손에 힘을 넣었다.

"아가씨, 제발 부탁입니다. 주인님이 말씀하시는 대로 따르세요. 안 그러면 샤오디도……."

펄은 눈물이 흐르는 얼굴로 샤오디를 쳐다보았다. 더 이상 움직일 힘도 없는지 몽둥이세례가 쏟아지는데도 샤오디의 몸은 미동조차 않고 있었다. 펄은 비틀거리며 압살롬의 발 앞에 무릎을 꿇었다.

"미국으로 갈게요. 시키시는 대로 다 할게요. 그러니 샤오디와 린뱌오를 용서해주세요."

"……."

말없이 펄을 내려다보던 압살롬이 한 손을 들었다. 그만하라는 신호였다. 샤오디에게 쏟아지던 몽둥이와 발길질 세례가 동시에 멈췄다. 갑자기 찾아온 정적 속에서 샤오디의 가느다란 신음소리가 들려왔다.

"아, 안 돼……. 가지 마……."

"저놈이 아직도 정신을 못 차렸군."

"그만두세요, 아버지!"

펄이 필사적으로 외쳤지만 이미 하인 하나가 샤오디를 향해 몽둥이를 휘두르고 있었다. 몽둥이 끝 부분에 박힌 못이 불빛을 받아 섬뜩하게 빛났다.

"으아악!"

관자놀이부터 뺨까지, 샤오디의 얼굴에 긴 상처가 생겨났다. 샤오디는 피투성이가 된 얼굴을 움켜쥐며 바닥에 나뒹굴었다. 펄이 쉰 목소리로 미친 듯이 샤오디의 이름을 불러댔지만 린뱌오는 그 모습을 외면한 채 펄의 허리를 단단히 붙들고 있었다.

"어서 펄을 마차에 태워라! 저 헛간은 태워버려."

펄은 계속 버둥거렸지만 린뱌오에 다른 하인들까지 합세하자 짐짝처럼 들려 마차에 태워지고 말았다. 뒤이어 압살롬까지 올라타자 마차가 곧장 출발했다. 하인과 병사들은 서양인의 딸에게 마음을 빼앗긴 샤오디의 어리석음을 조롱하며 헛간에 횃불을 던졌다. 마른 건초가 가득 차 있던 헛간은 순식간에 불길에 휩싸였다.

"아이고, 샤오디! 내 새끼, 불쌍해서 어쩌나……."

"이럴 때가 아니에요. 어서 의원에게 데려갑시다."

압살롬의 하인과 병사들이 자리를 뜨자 샤오디의 가족과 주민들이 달려왔다. 하지만 샤오디의 흐릿한 눈빛은 불타는 헛간에 붙박여 있었다. 새빨갛게 요동치는 불길 사이로 버려진 머리장식이 보였다. 샤오디는 그곳으로 다가가려는 듯 손가락을 힘겹게 움직이다가 결국 눈을 감아버리고 말았다.

그해 춘절, 마지막 날은 그렇게 끝이 났다.

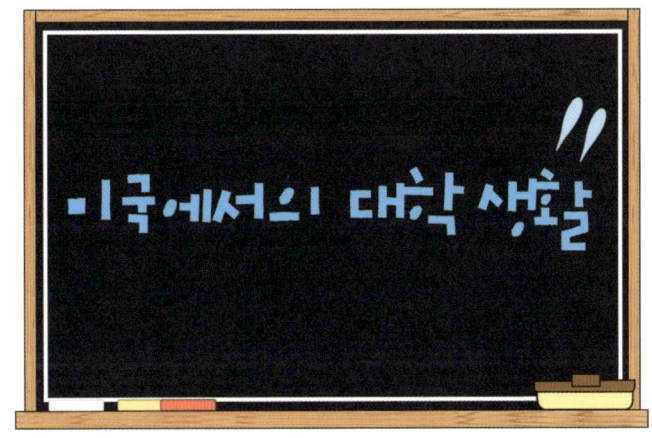

    중국에서 미국까지의 여정에는 장장 석 달이라는 긴 시간이 소요되었다. 마차에서 열차로 갈아타고, 다시 열차에서 열차로, 그 다음에는 배를 타고 태평양을 가로지른 후에야 펄은 고향인 미국에 발을 디딜 수 있었다.

    여행 내내 우울하기만 했던 펄이었지만 미국 서부의 발전된 모습을 앞에 두자 눈이 휘둥그레졌다. 항구에는 집채만 한 배들이 쉴 새 없이 드나들었고, 하늘을 찌를 듯 치솟은 건물들 밑으로는 중국에서 본 마차나 인력거보다도 더 많은 자동차들이 도로를 메우고 있었다. 펄은 고개를 돌릴 때마다 절로 감탄사를 연발할 수밖에 없었다.

    "여기가 바로 미국······."

    무엇보다 자신과 같은 푸른 눈과 금발머리의 사람들이 거리를 가득 메우고 있는 것이 신기했다. 중국에서는 저택 밖으로 나가기 무섭게 사람들의 시선을 한 몸에 받곤 했던 펄이었지만, 이곳에선 길 한가운

데 서 있어도 누구 한 명 눈길도 주지 않았다.

하지만 주변을 제대로 감상할 새도 없이 펄은 자신을 기다리고 있던 사람들에게 이끌려 다시 열차에 올라타야 했다. 단지 이곳뿐만 아니라 여행 내내 반복된 일이었다. 압살롬이 행여나 펄이 중간에 다른 곳으로 도망치지 못하도록 중간 기착지마다 꼼꼼하게 사람을 배치해 놓았던 것이다.

펄을 태운 열차는 미국 대륙을 빠르게 가로질러 동쪽 끝이라고 할 수 있는 버지니아 주 린치버그라는 작은 도시에 멈춰 섰다. 열차의 종점이기도 한 그곳이 바로 펄의 목적지였다.

지방의 작은 도시인 린치버그는 펄이 미국에 도착해서 본 다른 도시들과는 사뭇 다른 풍경이었다. 건물들도 하나같이 고만고만한 높이였고, 제대로 정비되지 않은 길거리엔 자동차보다는 마차가 더 많았다. 중국에 있을 때 항상 책으로 읽으며 그려왔던 소도시의 전형적인 모습이어서 펄은 왠지 안도감과 친밀감을 느꼈다.

그중에서도 펄이 다니게 될 랜돌프 메이콘 여대는 도시 외곽에 위치해 있었다. 린치버그 시내가 한눈에 내려다보이는 구릉에 자리한 학교는 군데군데 대리석으로 멋을 낸 중세풍의 벽돌 건물이었는데, 무성하게 자란 담쟁이덩굴이 건물 이곳저곳을 녹색으로 물들여놓고 있었다.

학교까지 자신을 바래다준 안내인들이 떠나고 나자 펄은 본격적으로 학교를 한 바퀴 둘러보았다. 아름다운 학교 부지와 그곳에서 지내고 있는 자신과 같은 또래의 소녀들을 보고 나니 무거웠던 마음이 조금이나마 편해지는 것 같았다. 이곳에서의 생활이 약간은 기대되기까지 했다.

"야, 촌뜨기. 길 막고 서 있지 말고 좀 비키지?"

반짝이는 눈으로 주변을 둘러보던 펄의 등 뒤에서 누군가의 뾰족한 음성이 들려왔다. 한 소녀가 친구로 보이는 무리들과 함께 펄을 쳐다보고 있었다. 검고 긴 머리에 갈색 눈이 돋보이는 미녀였지만 치켜 올라간 눈매가 표독스러운 느낌을 풍겼다.

"방금 나 보고 그런 거니?"

"그래. 어느 촌구석에서 왔는지 몰라도 겨우 이 정도에 놀라는 걸 보니 알 만하네."

소녀가 펄을 향해 피식 웃자 양옆에 서 있던 친구들이 한마디씩 거들었다.

"제인. 아무래도 우리가 이해해줘야겠다. 척 보아하니 먼 길을 온 모양인데."

"그래. 고작 학교를 보고 입을 쩍 벌린 것이 촌구석에서 올라왔나 봐."

제인이란 소녀와 그 친구들은 저마다 한마디씩 떠들고는 소리를 높여 깔깔 웃었다.

웃고 있는 제인에게 한 발 다가서며 펄이 말했다.

"그러는 너는 어떤 대단한 곳에서 오셨는데?"

제인이 차가운 미소를 입가에 머금으며 말했다.

"빅애플Big Apple이라고 들어는 봤는지 모르겠네?"

"빅애플? 커다란 사과?"

"멍청하긴, 뉴욕 말이야. 하긴 너 같은 애는 들어본 적도 없겠지. 미국에서 가장 크고 화려한 도시라고. 그중에서도 노른자위라 할 수 있는 맨해튼의 가장 큰 저택이 우리 집이야."

제인이 어깨를 으쓱이며 말했다. 옆에 서 있던 친구들이 과장되게 감탄사를 터뜨리며 제인을 선망의 눈으로 쳐다보았다.

하지만 펄은 조금도 부럽지 않다는 듯 제인을 보며 피식 웃었다.

"그랬구나. 그런데 그 대단한 곳에서 살면서 왜 이런 촌구석 학교까지 왔어?"

"뭐, 뭐가 어쩌고 어째?"

제인의 얼굴이 순식간에 붉게 물들었다. 펄은 아랑곳하지 않고 계속 말했다.

"그렇게 대단한 도시면 주변에 좋은 대학도 많을 것 아니야? 왜 집에서 가까운 좋은 대학들 두고 이런 촌구석으로 오신 건데? 이유가 뭘까? 혹시 성적이 안 돼서?"

제인의 얼굴이 돌처럼 딱딱하게 굳어졌다. 펄이 제대로 맞춘 모양이었다. 다른 소녀들은 불안한 얼굴로 제인의 표정을 살피고 있었다.

펄이 조금 전 제인의 말투를 흉내 내며 다시 말했다.

"어머, 미안. 내가 아픈 데를 건드렸나 보구나? 그럼 난 이만. 좀 바빠서 말이야."

"이, 이게……."

제인은 분노와 창피함으로 두 뺨이 붉게 물들었다. 그리고 키득거리며 멀어지는 펄의 뒷모습을 보며 이를 빠드득 갈았다.

"야! 너네!"

"으, 응! 왜 그래?"

제인의 득달같은 외침에 친구들이 화들짝 놀라며 대답했다.

"쟤가 누군지 가서 알아와. 당장!"

제인이 소리를 빽 지르자 친구들이 허겁지겁 사방으로 흩어졌다. 홀로 남겨진 제인이 악다문 입술 사이로 중얼거렸다.

"감히 내 성질을 건드렸다 이거지? 후회하게 만들어주겠어."

교무실에서 입학수속을 끝낸 펄은 곧장 기숙사 건물로 안내를 받았다. 랜돌프 메이콘 여대의 학생들은 모두 학교 내의 기숙사에서 생활하는 것이 원칙이었다. 대부분 세 명이서 방 하나를 같이 쓰는 형식이었는데, 펄은 운이 좋게도 2인용 방에 배정되었다.

룸메이트는 몸집이 작고 얌전해 보이는 인상의 소녀였다. 혹여나 제인이나 그 친구들처럼 아무것도 모르는 자신을 무시하지 않을까 생각했던 펄이었지만, 걱정과는 달리 소녀는 펄을 친절하게 맞아주었다.

"난 안젤라야. 시카고에서 왔어. 넌 어디서 왔니?"

펄이 말했다.

"나는 중국에서 살다가 왔어."

"중국? 그게 어디야?"

펄은 눈을 동그랗게 뜨는 안젤라의 반응이 놀랍지 않았다. 미국에 도착해서야 알게 된 것이지만, 이 나라 사람들은 중국이란 나라의 존재조차 모르는 경우가 많았다. 알고 있다 하더라도 대부분 부정적인 시선을 가지고 있었다.

다행히 안젤라는 펄이 그런 곳에서 살다 왔다는 사실을 나쁘게 생각하지 않는 것 같았다. 오히려 호기심으로 눈을 빛내며 펄을 바라보았다.

"그럼 외국에서 살다 온 거네? 부러워라."

"부럽긴. 좋게 봐줘서 고마워."

펄은 안젤라에게 미소를 보인 뒤 짐을 풀기 시작했다. 옷가지와 잡동사니도 있었지만, 대부분은 책이었다. 전부 린뱌오가 싸준 것들이었다. 펄이 평소 어떤 책을 자주 읽고 좋아하는지 빠짐없이 알고 있기에 가능한 일이었다.

'고마워, 린뱌오.'

펄은 책 위에 손을 얹은 채 잠깐 멈칫했다. 다행히도 린뱌오는 펄의 간곡한 애원 덕분에 압살롬 저택에 그대로 남을 수 있었다.

린뱌오를 떠올리자 생각은 자연스럽게 샤오디에게로 이어졌다. 피투성이가 된 채 자신을 바라보던 그 얼굴은 언제나 펄의 가슴을 날카롭게 헤집어 놓았다.

'샤오디……'

그때, 옆에서 짐 푸는 일을 돕고 있던 안젤라가 놀란 듯이 눈을 동그랗게 떴다.

"어머, 이 책은 정말 구하기 힘든 건데. 혹시 소설에 관심 많니?"

펄은 황급히 얼굴을 고치며 대답했다.

"마음껏 할 수 있는 게 책 읽기밖에 없었거든."

안젤라가 갑자기 반색을 하며 물었다.

"그래? 그럼 글 쓰는 일도 좋아하니?"

펄이 어깨를 으쓱였다.

"어렸을 때 잡지에 원고를 몇 번 보내본 거 빼면 글을 써본 적은 없는데? 물론 일기 정도야 계속 쓰고 있지만."

펄의 대답에 안젤라가 아쉽다는 듯 한숨을 쉬었다.

"그래? 아쉽네."

펄이 이유를 묻는 표정으로 안젤라를 바라보았다.

"실은 이 학교의 소설 동아리가 굉장히 유명하거든. 함께 소설을 읽고 토론도 하면서, 서로의 글을 봐주기도 하더라고. 뉴욕의 유명한 출판사가 후원을 하고 있어서 작가로 데뷔하는 사람도 적지 않대. 그래서 대학에 오기 전부터 여기에 꼭 들어가고 싶었는데 혼자 신청하려니까 좀 부끄러워서……."

펄은 말끝을 흐리는 안젤라를 보며 피식 웃었다.

"뭐야, 그게 그렇게 고민이야? 까짓것 같이 들어가면 되지. 어차피 동아리는 하나씩 다 들어야 한다면서."

"정말? 고마워!"

안젤라가 환호성을 지르며 펄을 덥석 끌어안았다.

취침시간이 지났을 즈음, 불이 꺼진 다른 곳과는 달리 응접실에는 희미한 등불이 밝혀져 있었다. 등불 옆에는 제인이 신경질적인 얼굴로 앉아 있었고, 힝시 그녀를 따라다니는 소녀들이 주변에 모여 있었다.

제인이 분한 얼굴로 손톱을 물어뜯으며 말했다.

"아직도 그 계집애가 누군지 안 알아본 거야?"

"이번에 새로 들어온 애야. 이름은 펄 사이든스트리커, 계속 중국에서 살다가 미국에는 이번에 처음 온 거래. 아버지가 선교사라서 태어나자마자 중국에 가서 살았었나 봐."

"중국? 그건 또 어디 틀어박힌 촌 동네인데?"

"태평양 건너 아시아에 있는 나라야. 아주 미개한 곳이라던데?"

친구의 말에 제인은 입가에 차가운 비웃음을 머금었다.

"어쩐지. 웬만한 촌뜨기보다도 더 눈치가 없다 싶었지."

제인의 말에 주변에 있던 친구들이 앞다퉈 맞장구를 쳤다.

"한 마디로 주제를 모르는 거지. 네가 이해해."

"듣자하니 꼴에 소설 동아리에 들어갔다던대. 정말 어이없다."

"소설 동아리?"

친구의 말에 제인의 얼굴이 험하게 구겨졌다. 다름이 아니라 제인이 바로 그 소설 동아리의 대표였던 것이다. 잠시 얼음처럼 냉랭한 기류가 주변을 휘감았지만 제인은 오히려 잘 되었다는 듯 의미심장한 미소를 지었다.

"알아서 호랑이 굴로 기어들어 오는구나. 이번 기회에 그 얼뜨기한테 내가 어떤 애인지 확실히 알려줘야겠어."

본격적으로 대학 생활을 시작한 펄은 난생처음 접하는 여러 학문에 정신없이 빠져들었다. 나중에 중국에 돌아가도 지금 익히는 지식들이 적지 않은 도움이 될 거라는 생각이 들었다. 또한 공부에 몰입할 때면 잠시나마 샤오디에 대한 그리움과 죄책감을 잊을 수 있다는 것도 펄이 학업에 매달리는 이유 중 하나였다.

마지막 수업은 저녁이 다 되어서야 끝이 났다. 강의실 단상에서 열변을 토하던 교수가 자리를 떠나자마자 펄은 눈을 감으며 책상에 털썩 엎어졌다.

"하암, 졸려. 이대로 방에 가서 자고 싶다."

"오늘은 안 돼. 소설 동아리에 가기로 한 날인 거 잊었어?"

"아차, 그렇지!"

얼마 전 신청서를 냈던 서류가 접수되어 오늘 동아리 회원들에게 첫인사를 하러 가기로 되어 있었던 것이다. 펄은 간신히 졸린 눈을 비비며 안젤라를 따라 자리에서 일어났다.

"어?"

하지만 동아리방에 들어서자마자 펄의 얼굴에선 잠기운이 확 달아났다. 자신과 안젤라를 환영해주는 사람들 사이에서 익숙한 얼굴이 보였기 때문이었다.

돌처럼 굳어 있는 펄을 향해 제인이 말했다.

"가입을 환영해. 아차, 내가 이 동아리 대표라는 건 알고 있는지 모르겠네?"

제인은 눈앞의 쥐를 어떻게 요리할까 고민하는 고양이처럼 펄을 바라보았다. 난데없는 한기가 펄의 등줄기를 훑고 지나갔다.

영문을 모르는 안젤라가 당황한 기색이 역력한 표정으로 펄을 쳐다보았다.

"어떻게 된 거야? 뭐 잘못한 거라도 있어?"

"그게 설명하자면 좀 길어서 말이지……."

펄은 한숨을 푹 내쉬며 고개를 절레절레 흔들었다. 앞으로의 학교생활이 결코 순탄치만은 않을 것이라는 불길한 예감이 그녀의 머릿속을 가득 메우고 있었다.

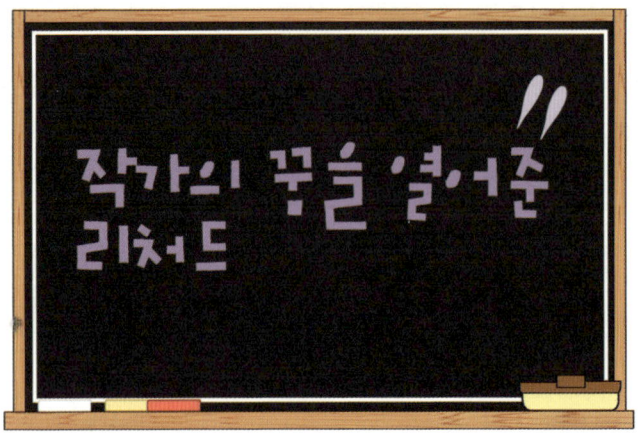

작가의 꿈을 열어준 리처드

"하암, 졸려 죽겠네."

휴일 늦은 오후, 쉬지도 못하고 졸린 눈을 비비며 동아리방 청소를 하던 펄의 입에서 푸념이 새어나왔다.

"오늘 중요한 손님이 오실 거야. 먼지 하나 보이지 않게 구석구석 깨끗이 치워놔. 알겠어?"

펄의 머릿속에 거드름을 피우며 청소를 시키던 제인의 얼굴이 떠올랐다. 펄이 동아리에 들어온 이후 제인은 사사건건 꼬투리를 잡으며 시비를 걸어왔다.

"책장에 꽂혀 있는 책들이 정리가 하나도 안 돼 있네? 이걸 보면서도 아무 생각이 안 드니?"

"책을 읽고 나면 꼭 감상문을 써서 내라고 했을 텐데? 벌로 내일 세 권 더 읽고 써와."

"선배가 뭘 시키면 재빨리 엉덩이를 들어야지 뭘 멀뚱히 보고만 있는 거야?"

그때마다 펄은 끓어오르는 화를 참고 또 참았다. 중간에 낀 안젤라는 안절부절못하며 둘의 눈치를 살피기 바빴다.

"미안해. 괜히 나 때문에 여기 들어와서……."

"신경 쓰지 마. 여기서 책 읽고 글 쓰는 게 얼마나 재밌는데."

제인과 패거리들에게 시달리는 게 괴롭기는 했지만 다른 사람들과 함께 책을 읽고 의견을 나누는 시간은 펄에게 색다른 즐거움과 기쁨으로 다가왔다. 중국에서 혼자 지내던 시절에는 전혀 상상하지 못했던 일이었다.

"휴우, 이제야 다 끝났네."

청소를 마무리한 펄의 이마엔 땀이 송골송골 맺혀 있었다. 그녀는 혹시라도 제인이 꼬투리를 잡을까 해서 다시 한 번 구석구석을 살폈다.

"다 끝냈지? 들어간다."

이윽고 제인과 안젤라를 비롯한 동아리 사람들이 안으로 들어왔다. 안젤라가 미안하다는 듯이 고개를 푹 숙였지만 펄은 웃는 얼굴로 손을 저었다.

동아리방 안을 살피던 제인이 펄을 향해 피식 웃었다.

"뭐, 이 정도면 돼지우리보단 낫네. 다른 건 아무것도 못하니까 청소라도 잘해야지."

그 말에 다른 사람들이 키득거리며 자리에 앉았다. 하지만 펄과 안젤라만은 당황한 얼굴로 서 있을 수밖에 없었다. 남은 의자가 단 하나뿐이었기 때문이었다.

제인이 둘을 보며 짜증스레 말했다.

"안젤라, 어서 앉지 않고 뭐해? 이제 곧 손님이 오실 거라니까."

안젤라가 울상이 된 채로 말했다.

"제인, 의자가 하나 모자라잖아?"

"모자라다니? 딱 맞잖아? 어서 앉아."

"하지만 그럼 펄이……."

"의자가 없으면 그냥 서 있으면 될 거 아냐? 뭐가 문젠데?"

"아니면 여기서 나가버려도 되고."

"하여간 눈치가 없다니까."

다른 소녀들의 키득거림을 듣고서야 펄은 애초에 자신을 위해 준비된 의자는 없었다는 것을 알아차릴 수 있었다.

'이것들이 진짜……. 해보자 이거지?'

펄은 이를 빠득 깨물었다. 그리고는 금방이라도 울음을 터뜨릴 것 같은 안젤라를 다독여 의자에 앉혔다. 그녀가 킥킥거리고 있는 제인과 소녀들을 향해 말했다.

"어머, 정말 그러네? 의자가 없으면 그냥 서 있으면 되는 거였지! 바보같이 왜 그 생각을 못 했을까. 서 있을 자리는 내 마음대로 정해도 상관없지?"

펄은 그대로 뚜벅뚜벅 걸어가 제인이 앉아 있는 자리 코앞에 멈춰 섰다. 제인이 눈을 치켜떴다. 하지만 펄은 가슴 앞으로 팔짱을 척 낀 채 제인의 시선을 무시했다. 항상 마주하던 압살롬의 눈빛에 비하면 제인의 눈빛 정도야 애교에 불과했다.

그때, 누군가 문을 두드리는 소리가 들려왔다. 제인이 재빨리 표정을 바꾸며 말했다.

"열려 있어요. 들어오세요."

"죄송합니다. 제가 좀 늦었군요."

동아리방 문을 열고 들어온 사람은 양복 차림의 훤칠한 청년이었다. 나이는 펄보다 한두 살 정도 많을까, 단정하게 다듬은 금발머리에 하얀 피부가 돋보이는 미남이었다.

미소 짓고 있는 그의 푸른색 눈은 펄의 눈보다도 훨씬 더 깊고 진한 빛깔이었다. 재빨리 자리에서 일어난 제인이 웃는 얼굴로 소녀들을 보며 말했다.

"이분은 뉴욕 제이데이 출판사의 부사장, 리처드 월시 씨예요. 제이

데이 출판사에 대해서는 다들 들어본 적 있겠죠?"

 그 말에 안젤라를 비롯한 동아리 사람들이 낮게 탄성을 터뜨렸다. 오직 펄만이 전혀 모르겠다는 듯 눈을 깜빡일 뿐이었다.

 "그게 어떤 곳인데요?"

 펄이 툭 내뱉자 제인의 얼굴이 돌처럼 굳어졌다. 리처드도 뒤통수를 망치로 한 대 맞은 것 같은 표정을 잠시 지었다.

 "그래도 예전에는 이 나라에서 다섯 손가락 안에 들어가는 출판사였는데 섭섭하군요. 지금이야 기둥뿌리가 몇 개 뽑혀나가서 어떻게든 원고를 구해보려고 발품 팔고 있는 신세지만 말입니다."

 "아, 몰랐어요. 죄송합니다."

펄은 겸연쩍은 표정으로 고개를 숙이며 사과했다. 실은 제인을 무안하게 만들려고 한 말이었는데 괜히 리처드에게 불똥이 튄 것 같아 미안했다.

더 이상 펄에게 관심이 집중되는 것을 참을 수가 없었던지 제인이 재빨리 끼어들었다.

"월시 씨, 오늘 오신 이유를 다른 사람들에게 설명해 주시겠어요?"

리처드가 흔쾌히 고개를 끄덕였다.

"말씀드렸다시피 저희 출판사는 항상 좋은 원고를 찾고 있습니다. 이곳 랜돌프 메이콘 대학의 소설 동아리는 대대로 훌륭한 작가들을 배출해왔죠. 그래서 이번에는 아예 동아리에서 활동하고 계신 여러분들에게 직접 원고를 받아보고자 해서 이 자리에 온 겁니다."

"저 말은 그러니까……."

"우리가 쓴 글이 책으로 나올 수도 있단 소리잖아?"

"그것도 제이데이 출판사에서? 꺄악!"

들뜬 웅성거림이 동아리방 안에 빠르게 퍼져나갔다. 우물쭈물하며 망설이던 안젤라가 가까스로 입을 열었다.

"그, 그럼 저희가 쓴 원고를 직접 보시는 건가요?"

리처드가 고개를 끄덕이며 덧붙였다.

"물론 그렇게 해야죠. 여러분 모두 한 가지 주제를 정해서 글을 써 보시는 건 어떨까 싶군요. 주제로는 무엇이 좋을까……."

제인과 다른 소녀들이 앞 다투어 대답했다.

"그야 당연히 사랑이죠. 로맨스는 언제든 사랑받는 주제니까요."

"요즘은 패션에 관한 것도 나쁘지 않죠. 구두며 보석, 드레스까지!

소재는 얼마든지 있어요."

"난 요리에 대한 걸 쓰고 싶어요. 그런 책도 받아주시나요?"

잠자코 듣고만 있던 리처드가 난감한 듯 웃으며 손을 저었다.

"그런 것들도 좋지만, 전 뭔가 새로운……."

"중국은 어때요?"

불쑥 펄이 물었다. 사람들의 시선이 한순간 펄에게 집중되었다. 리처드가 되물었다.

"방금 뭐라고 하셨죠?"

"그러니까 전……, 지금껏 중국에서 살다 왔거든요. 중국은 무척 넓은 나라고, 아름답고 다양한 문화를 지니고 있어요. 그런데도 미국에는 중국을 배경으로 쓴 책은커녕, 아예 중국에 대해 알지도 못하는 사람들이 많더라고요."

리처드가 흥미롭다는 듯 펄을 바라보았다. 하지만 그가 미처 뭐라고 말하기도 전에 제인이 깔깔거리며 웃음을 터뜨렸다.

"맙소사, 중국이라고? 지금 촌 동네에서 살다 온 걸 광고라도 하겠다는 거야, 뭐야?"

그 말에 다른 소녀들도 맞장구를 치며 요란스럽게 웃어댔다. 간신히 웃음을 그친 제인이 리처드를 향해 말했다.

"쟤 말은 신경 쓰지 마세요. 이제 막 미국에 와서 아무것도 모르거든요. 듣자하니 그 나라 사람들은 제대로 씻지도 않고 가축처럼 산다던데, 그런 불결한 나라에 대한 글을 도대체 누가 읽고 싶어 하겠어요? 기행문이라면 제가 한 번 써볼게요. 그렇지 않아도 작년에 파리와 런던에 다녀온 글을 정리하고 있었거든요."

리처드가 펄의 눈치를 살피며 더듬거렸다.

"그, 그게……."

"야! 잘 알지도 못하면서 함부로 말하지 마!"

잠자코 듣던 펄은 결국 참지 못하고 소리를 질렀다. 제인이 어이가 없다는 표정으로 휙 돌아섰다.

"너, 지금 나에게 한 말이니?"

"그래, 너한테 했다! 중국은 워낙 땅이 넓어서 지방마다 기후가 달라. 무더운 양쯔 강 근처에 사는 사람들은 하루에도 몇 번이나 목욕을 한다고. 잘 씻지 않는 건 먹을 물도 모자란 북쪽 황무지에 사는 사람들이야. 너 같으면 당장 먹을 물도 없는데 세수를 할 수 있을까?"

"이게 어디서 누굴 가르치려 들어!"

제인의 눈꼬리가 표독스럽게 올라갔다. 안젤라를 비롯한 다른 소녀들이 어깨를 흠칫 떨었다. 하지만 펄은 조금도 주눅 들지 않은 눈빛으로 그녀를 쳐다보았다.

"아무리 잘난 사람도 모르면 배워야 하는 법이야. 그리고 이번에 확실히 말해두는데 내 앞에서 다신 중국에 대해 험담하지 마. 거긴 내 고향이나 마찬가지고, 언제고 반드시 돌아갈 곳이니까."

어찌나 화가 났는지 제인은 몸을 부들부들 떨며 펄을 노려보고 있었다. 분위기가 험악해지는 걸 느낀 리처드가 재빨리 두 사람 사이에 끼어들었다.

"두 분 다 너무 흥분하신 것 같군요. 주제에 대해선 제가 좀 더 생각을 해보겠습니다. 오늘 모임은 이만 끝내도록 하죠."

하지만 제인은 여전히 화를 누르지 못한 표정으로 펄을 쏘아보고 있었다. 펄 또한 마찬가지였다. 안젤라가 그런 펄의 옷자락을 억지로 잡아끌며 밖으로 나갔다.

"대체 어쩌려고 그런 거니? 제인에게 잘못 보이면 동아리가 문제가 아니라 학교 다니는 것도 힘들어질지 모른단 말이야. 벌써부터 교수들과 학교 직원들도 걔네 집안 눈치 보느라 난리들인데……."

복도로 나온 안젤라가 등 뒤를 힐끗거리며 말끝을 흐렸다. 하지만 펄은 여전히 분이 풀리지 않는 듯 씩씩거렸다.

"날 놀리고 괴롭히는 건 참을 수 있지만, 내가 아끼는 것들까지 무시하는 건 절대 못 참아!"

그런 펄을 바라보던 안젤라의 입에서 한숨이 흘러나왔다.

"너도 정말 세상 편하게 살 성격은 아니구나."

며칠이 지났지만, 안젤라의 걱정과는 달리 제인은 별다른 행동을 취하지 않았다. 평화롭고 조용한 나날이 한동안 이어졌지만, 어딘지 폭풍 전야의 고요와도 같은 불길함이 있었다.

4교시 수업을 마친 펄과 안젤라는 곧장 학교 식당으로 향했다. 랜돌프 메이콘 대학의 구내식당은 수업에 지친 학생들이 잠시 몸을 쉬며 친구들과 수다를 떨기에 딱 알맞은 장소였다.

"아, 힘들다. 아직도 수업이 두 개나 남았는데 벌써 졸려."

안젤라가 자기 어깨를 두드리며 조그맣게 하품을 했다. 펄은 이해가 안 된다는 듯 어깨를 으쓱였다.

"이상하네. 난 점심시간엔 하나도 안 졸리던데."

"으이구, 넌 수업시간에 졸아서 문제잖아!"

"맞아, 그게 문제지."

그때, 키득거리며 웃는 펄과 안젤라 옆으로 늙은 중국인 하나가 허리를 구부정하게 굽힌 채 지나갔다. 식당에서 음식물 쓰레기를 치우곤 하는 청소부였다. 다른 자리에 앉아 있던 소녀들이 그 모습을 보곤 눈살을 찌푸렸다.

얼마 전에야 안 사실이었지만, 이곳에도 상당한 수의 중국인들이 일자리를 찾아 바다를 건너와 있었다. 중국인들이 모여 사는 곳에는 차이나타운Chinatown이라고 불리는 중국인들만의 마을까지 생겨났을 정도였다.

하지만 대부분의 미국인들은 중국인을 흑인보다도 더 뒤떨어지는 존재로 여겼다. 젊고 배운 사람들이 모여 있다는 이곳 대학에서도 사정은 크게 다르지 않았다. 학교 안의 중국인 인부들은 학생과 다른 직원들에게 놀림과 따돌림의 대상이 되기 일쑤였다.

"이 더러운 게 어딜 돌아다니고 있는 거야? 당장 안 나가?"

갑자기 식당 입구 쪽에서 앙칼진 목소리가 들려왔다. 펄과 안젤라는 그쪽으로 고개를 돌렸다. 제인과 그녀를 따라다니는 패거리들이 중국인 청소부의 앞을 가로막고 있었다.

제인은 펄이 앉아 있는 자리를 곁눈질하더니 더욱 목소리를 높였다.

"당장 밖으로 나가라니까! 말귀도 못 알아들어?"

청소부는 쩔쩔매면서 제인의 옆으로 돌아 나가려고 했다. 그때, 제인이 갑자기 자기 손에 들고 있던 음식 접시를 바닥으로 떨어뜨렸.

쨍그랑!

청소부의 발치에 떨어진 접시가 요란한 소리를 내며 산산조각 났다.

담겨 있던 음식물과 깨진 접시 조각들로 청소부의 신발과 바지가 온통 엉망이 되고 말았다. 제인이 천연덕스럽게 청소부를 보며 말했다.

"어머, 음식이 떨어졌네? 이건 치우고 나가."

청소부의 얼굴이 수치심과 분노로 붉게 물들었다. 하지만 감히 제인에게 대들 순 없었다. 그는 허리를 숙여 맨손으로 날카로운 접시 조각들과 음식물을 치우기 시작했다.

청소부가 허리를 구부리자 제인과 펄의 시선이 허공에서 부딪혔다. 펄은 들고 있던 포크를 탕, 소리가 나도록 내려놓으며 자리에서 벌떡 일어섰다. 안젤라가 다급히 펄의 소맷자락을 붙잡으며 말렸다.

"참아야 돼. 하루 이틀 있는 일도 아니잖아."

"뭐? 이번이 처음이 아니란 말이야? 저것들을 그냥!"

안젤라의 말이 오히려 펄의 분노를 더욱 부채질했다. 제인은 그런 펄을 빤히 바라보며 자기 앞에 엎드려 있던 청소부를 향해 들고 있던 우유 잔을 기울였다. 우유가 쏟아지며 그대로 청소부의 머리를 하얗게 적셨다.

"호호! 제인에게 고마워해야겠는데? 평소에는 마시지도 못할 우유로 머리를 다 감고."

"그러게 말이야. 다 감고 나면 좀 깨끗해지겠지?"

제인의 주변에 늘어서 있던 여학생들이 그 모습을 보곤 깔깔거리며 웃었다.

자리에서 일어난 펄은 부글부글 끓어오르는 화를 억누르며 중국인에게 다가갔다. 그리고는 그 앞에 냉큼 쪼그리고 앉아 바닥에 흩어진 접시 조각과 음식 찌꺼기를 손으로 쓸어 담기 시작했다.

"펄!"

안젤라가 깜짝 놀란 얼굴로 소리쳤다. 안젤라뿐만 아니라 제인을 비롯한 식당 안의 모든 학생들이 펄을 보며 눈을 크게 떴다. 그들로서는 상상도 할 수 없는 일이었다. 심지어는 중국인 청소부마저도 놀란 얼굴로 펄을 쳐다보고 있었다.

쓰레기를 전부 치운 펄은 더러워진 손을 치맛자락에 쓱쓱 닦더니 청소부에게 손을 내밀며 빙긋 웃었다.

"자, 이제 다 치웠네요! 나가셔도 돼요. 앞으로는 허리를 반듯이 펴고 다니는 거 잊지 마시고요."

펄이 유창한 중국어로 말하자 청소부의 얼굴에 떠오른 놀라움이 더욱 진해졌다. 이윽고 그가 해맑게 웃으며 펄을 향해 두 손을 모으며 허리를 깊이 숙였다. 중국식 전통 인사법이었다. 펄 또한 같은 방식으로 청소부를 향해 허리를 숙여보였다.

펄의 갑작스러운 행동에 식당 안의 사람들은 어안이 벙벙한 얼굴로 바라보기만 했다. 제인 또한 어이가 없다는 듯 펄을 쳐다보고 있었다.

청소부가 식당을 나서자 온화하기만 했던 펄의 얼굴에 분노가 떠올랐다. 그녀는 모아 놓은 음식물 쓰레기를 냅다 제인에게 집어던졌다. 순식간에 제인의 고급스러운 치마 위로 얼룩덜룩한 자국이 생겨났다.

"꺄아아악! 이게 무슨 짓이야? 너, 너 미쳤어?"

"그래, 나 미쳤다! 내가 분명히 경고했지? 내 앞에서 중국을 모욕하면 후회하게 될 거라고!"

펄은 소맷자락을 걷어붙이며 제인을 향해 냅다 달려들었다. 독이 오를 대로 오른 제인도 물러나지 않고 손톱을 세워 펄의 얼굴을 할퀴었

다. 하지만 평소 손가락 하나 까딱 하지 않던 제인이 펄의 힘을 당해 낼 수는 없었다. 조금씩 밀리던 제인의 입에서 이내 비명이 터졌다.

"아악! 야, 너희들! 보고만 있을 거야?"

옆에서 당황하며 바라보고 있던 패거리들이 그제야 펄에게 달려들었다. 간신히 뒤로 물러난 제인이 한 움큼이나 뽑힌 머리카락과 여기저기 찢어지고 멍든 자신의 몰골을 보고는 미친 사람처럼 소리를 질렀다.

"감히 나 제인 해리슨을 이런 꼴로 만들어? 아버지한테도 한 번 맞아본 적 없는 나를? 죽여버릴 거야!"

패거리들에 의해 바닥에 쓰러진 펄을 향해 제인의 구둣발이 날아들었다. 펄은 몸을 애벌레처럼 웅크린 채 신음소리도 내지 못하고 끅끅 숨을 삼켰다.

"그만! 다들 무슨 짓이야!"

제인의 발길질은 근처에 있던 교수가 달려오고 나서야 멈추었다. 하지만 교수는 바닥에 쓰러진 펄보다도 제인의 상태를 먼저 살폈다.

"제인! 이게 어떻게 된 거냐? 다친 데는 없고?"

"별일 아니에요. 갑자기 애가 달려들어서……."

제인은 엉망이 된 머리칼을 매만지면서 바닥에 쓰러져 꿈틀거리는 펄을 턱짓으로 가리켰다. 펄의 처참한 모습을 본 교수의 얼굴에 잠시 경악스러운 표정이 떠올랐지만 제인이 말을 걸자 금세 사라지고 말았다.

"저게 먼저 싸움을 걸었으니까 교칙에 따라 일주일간 근신에 환경미화 맞죠?"

"응? 그, 그래. 그렇게 조치하도록 하마."

황당하기 짝이 없는 이야기였지만 교수는 고개를 끄덕일 수밖에 없었다. 해리슨 가문은 랜돌프 메이콘 대학의 여러 후원자들 중에서도 가장 영향력이 강했다. 제인의 눈이 쓰러져 있는 펄을 슬쩍 흘겨보았다.

"앞으로도 또 덤벼봐. 그때마다 분수를 깨닫도록 만들어줄 테니까."

제인이 웃으며 패거리들을 이끌고 식당을 떠나자 그때까지 한쪽에서 숨을 죽이고 있던 안젤라가 황급히 펄에게 달려왔다.

"펄! 펄! 괜찮아?"

안젤라의 울먹이는 목소리를 들으며 펄은 지금의 자신보다 몇 배는 더 고통스러웠을 샤오디를 떠올렸다. 아픔이 아닌 그리움이 그녀의 눈가에 눈물이 맺히게 만들었다.

제인이 말했던 대로, 펄에겐 일주일간의 근신과 환경미화라는 처벌이 내려졌다. 수업이나 동아리 모임에도 나가지 못한 채 하루 종일 학교 이곳저곳을 청소하고, 일과가 끝나면 기숙사 대신 별관에 따로 마련된 방에서 혼자 지내야만 했다.

마치 감옥에서 지내는 것이나 다를 바 없는 일이었지만 펄은 조금도 주눅 들지 않은 채 자신에게 주어진 일들을 해치웠다. 여기서 약한 모습을 보이면 제인에게 지는 것이나 다름없다는 오기가 생겼기 때문이었다.

그렇게 마음을 먹자, 일주일이란 시간도 생각보다 길지 않았다.

"아! 이제 좀 살 것 같다."

마침내 근신에서 풀려난 펄은 기숙사 앞에서 팔을 벌리고 선 채 숨을 깊이 들이마셨다. 밖에서 기다리고 있던 안젤라가 환한 미소로 맞아주었다.

"별 탈 없어서 정말 다행이야. 자, 이것 좀 먹어봐."

안젤라가 품에서 종이에 싼 덩어리를 꺼내 펄에게 건넸다. 종이를 펼쳐 내용물을 확인하던 펄의 눈이 휘둥그레졌다.

"이건…… 두부잖아? 이걸 어디서 구했어?"

중국에 있을 때, 샤오디가 몇 번 가져다줘서 맛보았던 바로 그 두부였다. 놀라움과 반가움이 뒤섞인 얼굴로 외치는 펄을 향해 안젤라가 빙긋 웃었다.

"전에 네가 도와준 청소부 아저씨가 주셨어. 동양에선 감옥에 들어갔다 나오면 이걸 먹는대."

"야! 내가 감옥에 들어갔다 나왔단 거야 뭐야?"

"솔직히 다를 거 없지 뭘 그래?"

펄은 쿡쿡거리며 웃는 안젤라를 째려보다가 두부 모서리를 살짝 깨물어 먹었다. 입안에 조금씩 고소한 맛이 번져갔다. 오랫동안 잊고 있던 무언가가 비로소 채워지는 느낌이 들었다.

"맛있어……."

"진짜? 나는 도저히 못 먹겠던데."

안젤라가 혀를 내밀며 영 아니라는 듯한 표정을 지었다. 펄은 맨 처음 두부를 먹었던 때가 떠올라 그만 쿡, 하고 웃음을 터뜨렸다. 따라 웃던 안젤라가 교정 한쪽에 세워진 시계탑을 흘낏 살피더니 갑자기 놀라서 외쳤다.

"어머, 내 정신 좀 봐! 이러고 있을 때가 아닌데."

"무슨 일인데 그래?"

"일단 따라와!"

안젤라에게 이끌려 기숙사로 간 펄은 고개를 갸웃거렸다. 웬일인지 오늘따라 잘 차려입은 드레스 차림으로 오가는 학생들이 많았기 때문이었다.

"내 드레스 좀 봐줘. 어때, 어때?"

"으앙~! 어떡해! 오늘 제임스가 안 온대!"

안젤라에게 끌려가던 펄이 고개를 갸웃거리며 물었다.

"이게 대체 무슨 일이야?"

"자, 시간 없으니까 일단 이거부터 입어."

안젤라는 대답 대신 옷장에서 골라든 분홍색 드레스를 펄에게 안겨주었다.

"이, 이걸 갑자기 왜?"

안젤라가 눈을 반짝이며 대답했다.

"근신이 오늘까지라 정말 다행이었어. 안 그랬으면 사교의 밤에 참가도 못 했을 거야."

"사교의 밤? 그게 뭔데?"

눈을 깜빡이는 펄을 향해 안젤라가 어이없다는 듯이 외쳤다.

"너 아직도 몰랐어? 이 학교에선 일 년 중 가장 큰 행사란 말이야. 인근의 잘생긴 청년들이 전부 다 모인다고. 파티와 무도회가 밤늦게까지 계속 이어질 거야. 말 그대로 사교의 밤이 열리는 거지. 하지만 무엇보다도 중요한 건……."

안젤라는 펄이 입던 옷을 벗겨내고 머리를 빗겨주며 말을 이었다.

"둘째 날 밤에 열리는 여왕 선발대회야. 거기서 학교의 여왕으로 선출되면 모든 사람들에게 동경의 대상이 되는 거야. 물론 지금까지야 제인과 그 패거리들의 독무대였지만……, 아무튼! 넌 꼭 파티에 가야 돼. 가서 칙칙한 기분을 전부 날려버려야 한다고. 알겠어?"

펄은 처음 보는 안젤라의 단호한 눈빛에 자신도 모르게 고개를 끄덕였다.

"으, 으응."

"어서 갈아입어. 시간이 얼마 안 남았단 말이야."

안젤라가 펄이 들고 있는 분홍색 드레스를 가리켰다. 펄은 복잡한 표정으로 드레스 상의에 팔을 끼워 넣었다.

초저녁이었지만 파티장은 이미 형형색색 드레스를 갖춰 입은 여학생들과 턱시도 차림의 청년들로 발 디딜 틈조차 없었다. 그 중심에는 제인이 있었다. 파리에서 주문한 최신 유행의 드레스와 휘황찬란한 액세서리로 온몸을 치장한 제인은 주변 사람들의 감탄사를 받으며 한껏 파티를 즐기는 중이었다.

그러던 한순간, 제인의 눈빛이 한곳에 고정됐다. 파티장 입구로 들어서는 펄과 안젤라의 모습이 보였던 것이다. 제인은 항상 그림자처럼 자신을 따라다니는 소녀들을 향해 손가락을 까닥였다.

"벌써 근신이 끝난 거야?"

"응? 아, 일주일이 지났으니까……."

"보기 싫지? 우리가 당장 쫓아버릴게."

소녀들이 곧장 펄을 향해 다가가려 했지만 제인은 무슨 생각인지 손을 들어 제지했다.

"아니야. 그냥 둬. 쟤도 우리 학교 학생인데 당연히 파티장에 올 수 있지. 모처럼 만이니까 즐기게 놔두자고."
 친구들은 의외라는 듯 제인을 돌아보았다. 제인은 눈을 번뜩이며 말했다.
 "게다가 지금 아주 재미있는 생각이 떠올랐거든."

 모든 것이 안젤라의 말대로였다. 흥겨운 음악은 근신 기간 중 딱딱하게 굳어졌던 펄의 마음을 어루만져 주었고, 잘생긴 청년들이 친절한 말과 행동으로 펄을 에스코트했다. 눈만 마주치면 펄을 못 잡아먹어 안달이던 제인과 그 무리들도 오늘은 주변의 시선을 의식해서인지 조용했다. 유일한 문제라면 이 복잡한 와중에 안젤라와의 거리가 멀리 떨어지고 말았다는 사실이었다.
 "휴우, 기분 좋긴 한데 너무 정신없잖아."
 펄은 잠시 걸음을 멈춘 채 음료수를 마시며 숨을 돌렸다. 중국에서 지낼 때 외국 공관에서 열리는 파티에 몇 번인가 따라가 본 적은 있었지만, 하나같이 지금과는 전혀 다른 딱딱하고 지루한 파티였다. 한숨 돌린 펄은 다시 주변을 두리번거리며 앞으로 나섰다.
 "아앗!"
 그러다 막 춤을 끝내고 돌아서던 청년과 정면으로 부딪히고 말았다. 펄이 들고 있던 체리주스가 왈칵 쏟아지며 청년이 입은 회색 재킷 위로 붉은 얼룩을 만들었다.
 "죄, 죄송합니다."
 펄은 깜짝 놀라 사과를 했다. 하지만 청년의 반응은 태연했다. 그가 손수건으로 재킷의 얼룩을 닦으며 말했다.

"오랜만에 뵙는군요. 그때 이후로 별일은 없었나요?"

"네? 아, 당신은?!"

그제야 펄은 청년이 리처드임을 알아볼 수 있었다.

"여긴 웬일이세요?"

"저희 어머니가 이 학교를 졸업하셨지요. 많진 않지만 저도 후원금을 내고 있답니다."

리처드가 빙긋이 웃었다. 한 번 보았을 뿐인데도 무척 친근하게 다가오는 미소였다. 리처드가 펄을 향해 흰 장갑을 낀 손을 내밀었다.

"파티를 구경하고 싶었다면 최악의 자리를 택하신 겁니다. 여긴 파티장 안에서도 가장 정신없는 곳이에요. 노래가 한 곡 끝날 때마다 다들 음료수를 마시러 몰려들거든요. 원하신다면 적당한 장소를 알려드리죠."

펄은 잠시 동안 리처드의 얼굴과 그가 내민 손을 번갈아 쳐다보았다. 때마침 노래가 끝나고, 리처드의 말대로 사람들이 우르르 몰려들기 시작했다. 펄은 누군가에게 등을 떠밀리는 바람에 엉겁결에 리처드의 손을 붙잡고 말았다. 리처드가 부드럽게 펄의 손을 잡아당겼다.

"알겠습니다. 가시죠."

"자, 잠깐만요! 그게 아니라……!"

펄의 작은 항변은 주변의 떠들썩한 소음에 묻히고 말았다. 결국 그녀는 한숨을 푹 내쉬며 리처드가 이끄는 대로 따라갈 수밖에 없었다. 이런 떠들썩한 파티에는 익숙한 듯, 사람들 사이를 가로지르는 리처드의 발걸음은 능숙하고 막힘이 없었다.

"조용히 파티 분위기를 즐기고 싶다면 여기보다 좋은 곳이 없지요."

리처드가 안내한 곳은 파티장이 내려다보이는 2층 발코니였다. 공간이 넓지 않아 춤을 출 수는 없었지만 앉아서 쉴 수 있는 의자가 여러 개 놓여 있어서 조용한 분위기에서 대화를 나누기엔 안성맞춤인 장소였다.

　마침 다리가 아팠던 펄은 고맙다는 뜻으로 리처드에게 미소를 보인 뒤 의자에 앉았다. 주변에는 이미 적지 않은 사람들이 저마다 난간에 기대거나 의자에 앉아 휴식을 취하고 있었다. 그들이 리처드를 알아보곤 아는 체를 해왔다.

　"이게 누구야? 멀고 먼 뉴욕에서 잘도 여기까지 오셨군."

　"요즘 출판사 일은 잘 돼가나? 사정이 좀 어렵다면서?"

　리처드는 사람들과 한바탕 인사를 나눈 뒤 펄에게 새로운 음료수 잔을 내밀었다. 조금 전 펄이 엎질렀던 체리주스였다. 펄은 어색하게 리처드가 내민 잔을 받아들었다.

　"그런데 중국이란 나라에 무척 애착이 있으신 것 같더군요."

　리처드가 넌지시 물었다.

　"그야 당연하죠. 어릴 때부터 쭉 거기서 살았거든요."

　펄은 중국에서 보냈던 어린 시절과 아버지의 강요로 이곳 랜돌프 메이콘 여대에 다니게 된 일을 털어놓았다.

　"과연, 그래서 중국에 대해 박식했던 거로군요."

　리처드는 고개를 끄덕였다. 그러다가 문득 진지한 눈빛으로 말했다.

　"전에 말씀하셨던 대로 중국을 배경으로 하는 소설을 써보실 생각은 없나요?"

　"소설이요?"

펄이 눈을 동그랗게 뜨고 쳐다보자 리처드가 고개를 끄덕였다.

"걱정하지 마세요. 출간은 제가 책임지겠습니다. 최근 아시아에 대한 관심이 높아지고 있으니 분명 반향을 불러일으킬 수 있을 거예요."

"하지만 전 소설이라곤 한 번도 써본 적이 없는걸요……."

리처드가 슬그머니 말꼬리를 흐리며 고개를 돌리던 펄의 손을 덥석 붙잡았다. 펄은 흠칫 놀라 리처드의 얼굴을 쳐다보았다. 리처드의 얼굴은 그 어느 때보다도 진지했다.

"소설이란 가슴으로 쓰는 겁니다. 문장력이나 작문기술은 배우면 돼요. 당신이 가지고 있는 중국에 대한 열정, 그걸 그대로 풀어내세요. 제가 당신을 통해 중국을 알고 싶어 하듯, 다른 사람들도 중국이라는 나라에 자연히 관심을 가지게 될 겁니다. 당신이 쓴 글이 중국에 대한 사람들의 편견을 없앨 수도, 심지어는 그걸 호감으로 바꿀 수도 있습니다. 그게 바로 글이 가진 힘이죠."

리처드의 말을 잠자코 듣던 펄은 새로운 깨달음을 얻은 듯한 느낌이었다. 그녀는 아직 의구심이 남은 눈빛으로 리처드를 바라보며 물었다.

"정말 그럴 수 있을까요?"

"날 믿어봐요. 이래 봬도 대대로 책을 팔아온 가문의 장남이라고요."

리처드는 크게 고개를 끄덕였다. 그의 눈동자는 펄의 손을 붙잡고 있는 손만큼이나 따스하게 빛나고 있었다.

"그게 정말이야? 그 사람이 너한테 소설을 써 달라고 부탁했다고?"

끝내 대답을 내일로 미룬 펄은 기숙사로 돌아온 안젤라에게 리처드의 말을 전했다. 침대에 누워서 듣고 있던 안젤라는 튕기듯 벌떡 일어나 펄의 두 손을 덥석 붙잡았다.

"고생 끝에 낙이 온다더니 네가 드디어……. 펄, 정신 똑바로 차리고 그 남자 꽉 잡아야 돼. 제이데이 출판사라면 지금은 경영난으로 좀 힘들다지만 여전히 미국에서 열 손가락 안에 들어가는 출판사란 말이야. 그런 곳에서 책을 낸다니……. 아니지, 지금 책이 중요한 게 아니지. 리처드를 꽉 잡아야 해. 이런 기회가 또 언제 찾아오겠니?"

안젤라는 말 그대로 열변을 토해냈다. 펄은 안젤라의 손을 슬쩍 빼며 새침하게 말했다.

"리처드 씨가 날 좋아한다는 게 아니라, 책을 내겠다는 거야."

"그게 그거잖니? 아무튼 내가 말한 대로 해. 알았지? 세상에……. 리처드 월시라니! 제이데이 출판사라니!"

한동안 자기 일인 양 들떠 했던 안젤라가 잠든 후, 펄은 서랍에서 원고지 한 묶음을 꺼냈다. 소설 동아리에 처음 들어갔을 때 안젤라에게 선물받은 것이었다. 펄은 한 손에 펜을 든 채 한참 동안 고민하다 조금씩 자신의 이야기를 써내려가기 시작했다.

중국인들 사이에서 겉돌던 어린 시절부터 그들 사이에 섞여 들어가게 된 이야기, 그리고 아버지와의 갈등, 그리고 그때까지 보물처럼 혼자서만 간직해온 샤오디의 이름이 원고지 위에서 춤을 추었다. 펄이 책상 위에 올려놓은 등불은 새벽 늦은 시간까지 꺼질 줄을 몰랐다.

다음 날 오후가 되자 학교는 다시 한 번 소란스러워졌다. 사교의 밤 행사의 하이라이트라고 할 수 있는 여왕을 선발할 시간이 찾아왔기 때문이었다. 학생들은 저마다 옷장을 뒤져 값비싸고 화려한 드레스로 치장하느라 눈코 뜰 새가 없었다.

펄은 일찌감치 어제 입었던 분홍색 드레스로 갈아입고 준비를 마쳤다. 하지만 안젤라는 아직도 옷장을 뒤지느라 정신이 없었다.

"혹시 내 진주브로치 못 봤니?"

"못 봤는데? 어디 딴 데다 둔 거 아냐?"

"이상하네……. 분명히 여기 있었는데. 이 빨강 드레스에는 그걸 해줘야 하는데."

펄은 드레스를 펄럭이며 온 방을 헤집는 안젤라를 보며 고개를 내저었다.

"그럼 나 먼저 내려갈게. 찾으면 내려와."

옷장에 반쯤 파묻힌 안젤라는 펄을 돌아보지도 않은 채 손만 휘휘 저었다. 펄은 피식 웃으며 먼저 방을 나갔다.

"아우, 정말 어디 있는 거야? 안 되겠다. 녹색 드레스로 갈아입어야겠어."

안젤라는 옷장을 뒤지던 걸 포기하고 한숨을 쉬며 고개를 들었다. 그때, 그녀의 눈에 이상한 광경이 보였다. 창문 밖에서 여학생 몇 명이 커다란 통을 든 채 낑낑거리며 어디론가 옮기고 있었다. 언제나 제인을 졸졸 따라다니는 바로 그 아이들이었다.

"뭘 옮기는 거지?"

안젤라는 자세히 보기 위해 창가로 다가갔다. 그때, 바람에 흔들리던 커튼 뒤에서 그토록 찾아 헤맨 진주브로치가 반짝이며 모습을 드러냈다.

"여기 있었구나, 찾았다!"

안젤라는 방금 전까지의 일은 까맣게 잊은 채 브로치를 집으며 활짝 웃었다.

펄은 파티장으로 내려가자마자 리처드의 모습부터 찾았다. 리처드는 입구에서 펄을 기다리고 있었다. 그는 펄을 발견하더니 다른 사람들의 눈길도 아랑곳 않고 어린애처럼 손을 흔들기 시작했다. 펄은 피식 웃으며 그쪽으로 다가갔다.

"어때요? 생각해 봤나요?"

리처드의 눈이 기대감으로 반짝였다. 한순간, 펄의 가슴이 쿵, 하고 뛰었다. 그녀는 잠시 말을 잊은 채 리처드를 바라보다 크게 헛기침을 하며 입을 열었다.

"한 번 써보도록 할게요. 하지만 결과는 장담할 수 없어요."

"정말인가요?"

그것만으로도 충분하다는 듯 리처드가 펄의 손을 덥석 붙잡았다. 펄은 흠칫 놀라 주변을 두리번거렸다. 멀리 안젤라가 한쪽 눈을 찡긋거리며 엄지를 들어 올리는 것이 보였다. 펄은 작게 한숨을 쉬었다.

'아니야, 오해라고……'

그때, 음악이 멈추고 파티장에 마련된 단상 위로 한 사회자가 뛰어올랐다.

"신사숙녀 여러분, 오랫동안 기다리셨습니다. 마침내 '사교의 밤'의 하이라이트, 랜돌프 메이콘의 여왕을 뽑을 시간이 왔습니다! 자자, 참가를 원하시는 숙녀분들은 어서 무대 위로 올라오세요!"

남자가 마이크를 잡고 큰 소리로 외쳤다. 쩌렁쩌렁한 그의 고함소리에 파티장 안의 공기가 순식간에 뜨겁게 달아올랐다.

리처드가 펄을 돌아보며 말했다.

"펄도 한 번 나가보는 게 어때요? 내가 보기엔 여왕이 되고도 남을 것 같은데."

"네? 제가요?"

펄은 어이없다는 투로 웃으며 고개를 저었다.

"말도 안 돼요. 제가 무슨……."

"그래, 넌 저런 자리에 안 어울리니까 꿈도 꾸지 말라고. 어차피 왕관은 내 거니까."

어느새 제인이 눈앞에 다가와 있었다. 어제의 화려한 드레스와는 달리 순백색 드레스 차림에 검고 탐스러운 머리를 단정히 틀어 올린 제인은 단연 돋보이는 모습이었다.

"세상에, 아무리 촌뜨기라지만 어떻게 이틀씩이나 같은 드레스를 입니?"

제인은 깔보는 듯한 시선으로 펄과 리처드를 살피며 피식 웃었다.

"파트너는 잘 골랐네. 몰락한 출판사의 아드님과 중국에서 살다 온 말괄량이라. 호호호!"

"말이 좀 심하군요, 제인."

리처드가 눈살을 찌푸렸지만 제인은 흥, 하고 콧방귀를 뀌며 돌아섰다. 그리곤 단상을 향해 걸어갔다. 제인의 등장에 이미 단상 위로 올라와 있던 다른 학생들은 벌써부터 시무룩한 표정을 짓고 있었다.

그 모습을 바라보던 펄의 가슴속에 불이 지펴졌다.

"좋아, 나도 나갈래요."

갑작스런 펄의 말에 리처드가 의외라는 듯 물었다.

"정말인가요? 왜 갑자기……."

"나보다 못생긴 애도 잘만 나가는데, 나라고 왜 못 나가겠어요?"

펄은 성큼성큼 걸어 단상 위로 뛰어올랐다. 잠시 멍한 얼굴로 서 있던 리처드는 펄이 한 말의 뜻을 깨닫고는 쿡쿡거리며 웃었다.

"정말 씩씩한 아가씨라니까. 어디 숨어 있다가 이제야 나타난 건지."

단상 위에 오른 여학생들은 사회자의 진행에 따라 차례차례 자신을 소개했다. 수줍게 자기 이름만 말하고 내려가는 학생도 있었고, 노래를 부르거나 춤을 추는 등 적극적인 모습을 보이는 학생들도 있었다.

"제인 해리슨입니다. 한 표 부탁드려요."

제인은 별다른 어필 없이 자신의 이름만 밝혔을 뿐인데도 가장 큰 환호성을 받았다. 펄은 그 모습을 보며 속으로 이를 갈았다.

다음으로 마침내 펄의 이름이 호명되었다.

"마지막 참가자는 펄 사이든스트리커 양입니다."

펄이 단상 앞으로 나서자 파티장 안의 모든 눈이 한곳에 모여들었다. 항상 당찬 그녀로서도 긴장이 될 수밖에 없었다.

"아…… 안녕하세요. 이번에 1학년으로 새로 들어온 펄 사이든스트리커라고 합니다."

그때, 펄을 향해 열심히 손을 흔들던 안젤라의 눈에 이상한 광경이 보였다. 단상 위쪽 2층 발코니에 여러 명의 여학생들이 모여 있었다. 기숙사 창밖에서 커다란 통을 옮기던 바로 그들이었다. 뭔가 잘못되고 있음을 직감한 안젤라가 비명처럼 외쳤다.

"펄, 조심해!"

하지만 펄이 안젤라의 외침을 들었을 땐 이미 통 안에 담겨 있던 오물들이 펄의 머리 위로 쏟아지고 있었다.

"철퍼덕!"

식당에서 가져온 음식물 쓰레기와 구정물이 그대로 펄의 몸을 덮쳤다. 펄은 한동안 무슨 일이 일어난 건지 몰라 멍하니 서 있었다. 사람들 역시 마찬가지였다. 시끌벅적하던 파티장 안이 순식간에 싸늘하게 얼어붙었다.

"오호호호호!"

무겁게 내려앉은 침묵을 깬 것은 제인의 웃음소리였다. 그것을 시작으로 파티장 여기저기서 웃음소리와 비아냥거림이 터져 나오기 시작했다.

"쿡쿡! 완전히 돼지우리에 빠진 꼴이잖아?"

"저 꼴로 여왕이 되겠다고? 나 참!"

"윽! 이 냄새! 사회자, 뭐하는 거야? 어떻게 좀 해봐!"

사회자가 내키지 않는 얼굴로 코를 틀어쥔 채 펄에게 다가갔다. 하지만 그가 뭐라고 하기도 전에 펄이 먼저 단상 아래로 뛰어내렸다.

펄은 새빨개진 얼굴을 손으로 가린 채 정신없이 파티장을 가로질러 달려갔다. 자신도 모르는 사이에 눈물이 뺨 위로 흘러내리고 있었다.

"으악!"

"이쪽으로 오지 마!"

펄에게 닿기라도 할까 봐 사람들이 황급히 양쪽으로 갈라졌다. 리처드와 안젤라 두 사람만이 황급히 펄을 향해 달려왔다.

"펄!"

"세상에, 펄……."

하지만 펄은 두 사람의 앞을 그대로 지나쳐 달려갔다. 지금은 누구와도 얼굴을 마주하고 싶지 않았던 것이다. 리처드와 안젤라는 망연한 눈으로 파티장을 빠져나가는 펄의 뒷모습을 바라볼 수밖에 없었다.

펄이 파티장을 떠나자 안젤라가 화를 참지 못하고 단상 위에 있는 제인을 향해 외쳤다.

"제인, 해도 해도 너무하잖아? 이게 무슨 짓이야?"

하지만 제인은 태연한 표정으로 눈을 깜빡였다.

"내가 뭘 어쨌다는 건데? 너도 보다시피 나는 쭉 여기에 펄과 같이 있었어. 대체 무슨 소리를 하는 건지 전혀 모르겠다, 얘."

안젤라는 제인의 뻔뻔함에 치를 떨었다. 이미 2층 발코니에서 펄에게 오물을 쏟아 부은 아이들도 모습을 감춘 지 오래였다. 안젤라가 할 수 있는 일이라곤 마음속으로 펄을 걱정하는 것 정도였다.

불미스러운 일이 있었지만 사교의 밤은 무난히 마무리가 되었다. 모두가 예상했던 대로 여왕의 왕관은 제인에게 돌아갔다.

모두들 펄이 당한 일을 주도한 것이 제인이라고 생각하고 있었다. 하지만 그 누구도 그 생각을 입 밖에 내진 않았다. 또다시 여왕이 된 제인은 전보다 더욱 활개를 치고 교정을 누볐고, 피해자인 펄은 오히려 죄인인 양 사람들의 수군거림을 피해 다녀야만 했다.

"앞으로는 동아리 모임에 안 나와도 돼. 이유는 말 안 해도 알겠지?"

그런 움직임은 동아리 사람들도 마찬가지였다. 펄은 말없이 고개를 끄덕였다.

"미안해. 괜히 내가 소설 동아리에 들자고 하는 바람에……, 나 때문에……. 으아아앙!"

동아리방에서 짐을 챙겨 나오는 펄을 보며 안젤라가 기어코 울음을 터뜨렸다. 펄은 고개를 저으며 안젤라의 어깨를 토닥거렸다.

"무슨 말도 안 되는 소리야? 그런 말 하지 마. 솔직히 말하자면 이번 일이 아니었어도 동아리는 때려치우려고 했어. 리처드 씨가 부탁한 소설을 써야 해서 시간이 부족했거든. 마침 잘 됐지 뭐."

"정말?"

안젤라가 눈물이 그렁그렁한 얼굴로 펄을 쳐다보았다.

"그렇다니까. 내가 거짓말 하는 거 봤니?"

"헤헤, 다행이다. 다행이야……."

안젤라는 펄이 몇 번이나 괜찮다고 말한 후에야 눈물을 닦아내며 동아리방으로 돌아갔다.

그제야 펄은 얼굴에서 억지웃음을 지울 수 있었다. 속으로는 당장이라도 울음을 터뜨리고 싶었다. 모두 다 놓아버리고 그저 중국으로 돌아가고 싶은 마음뿐이었다. 어머니 캐롤라인, 린뱌오, 샤오디, 그리고 아버지인 압살롬까지, 그곳에 두고 온 모두의 얼굴이 보고 싶었다.

똑똑똑!

그때, 갑자기 문을 두드리는 소리가 들렸다. 펄은 재빨리 눈에 고인 눈물을 닦아내곤 문을 열었다.

"리, 리처드 씨?"

문밖에 서 있는 사람은 리처드 월시였다. 그의 옷과 모자에는 여기저기 먼지가 묻어 있었다. 리처드가 빙긋 웃으며 말했다.

"숙녀들이 쓰시는 방에 이렇게 불쑥 찾아오는 게 실례라는 건 알지만 좀 들어가도 될까요? 뉴욕에서 여기까지 달려왔더니 피곤하군요."

펄은 머뭇거리다가 리처드가 들어올 수 있도록 한쪽으로 비켜섰다. 리처드가 비어 있는 의자에 앉으며 짧게 한숨을 쉬었다. 그를 보며 펄이 물었다.

"연락도 없이 웬일이세요?"

"웬일이냐니, 벌써 잊어버리신 건가요? 소설을 쓰겠다고 하셨잖아요."

"아! 그게……."

펄이 입술을 깨물었다. 오물을 뒤집어쓴 뒤로 줄곧 시무룩하게 지내는 바람에 첫 부분을 조금 쓴 걸 제외하면 손도 대지 못했기 때문이었다. 펄이 면목 없다는 듯이 고개를 숙였다.

"죄송하지만 아주 조금밖에 못 썼어요."

"쓰기는 쓰셨다는 거군요? 일단 좀 보여주세요. 아, 이건가요?"

리처드는 책상 위를 눈으로 더듬다가 문득 이리저리 흩어진 원고지를 집어 들었다. 펄이 쓰다만 그 원고지였다.

"아, 안 돼요!"

펄이 비명을 질렀지만 리처드의 눈은 이미 원고지에 고정된 뒤였다. 펄은 발가벗겨진 듯한 기분이 되어 두 눈을 질끈 감았다.

"굉장한데요?"

원고를 살펴본 리처드의 감상은 간단명료했다. 펄은 감았던 눈을 뜨며 기죽은 목소리로 한숨을 쉬었다.

"저도 형편없다는 거 잘 알아요. 그렇게 비꼬지 않아도 돼요."

펄의 말에 리처드가 무슨 소리냐는 듯이 펄쩍 뛰었다.

"이게 형편없다고요? 당신은 당신의 가치를 너무 모르는군요. 당신

의 글은 숨을 쉬고 있어요. 생생하게 살아 있단 말입니다. 이걸 읽는 동안 중국이라곤 한 번도 가본 적 없는 내가 마치 중국의 거리 한가운데 서 있는 착각까지 들었다고요."

그제야 펄은 고개를 들어 리처드를 바라보았다. 그는 무척 흥분한 얼굴이었다. 원고를 말아 쥔 그의 손등에는 파란 힘줄이 툭 불거져 있을 정도였다.

"정말 제 글이 읽을 만한가요?"

리처드는 느닷없이 커다란 웃음을 터뜨렸다. 그리고 문득 진지한 눈으로 펄을 바라보았다.

"읽을 만하냐고요? 맙소사! 이 원고를 조금만 다듬어서 출간하면 당신은 곧바로 유명해질 거예요. 당신을 찾아낸 건 정말 내 일생일대의 행운이라고요."

진심 어린 리처드의 말에 펄의 얼굴이 다시 붉게 물들었다. 심장 고동소리도 재차 빨라졌다. 조금 전과는 전혀 다른 이유였다.

"완성하는 데 얼마나 걸리겠어요?"

"한 달 정도면……."

펄의 말이 채 끝나기도 전에 리처드가 손을 덥석 붙잡았다.

"다른 사람들한테 절대로 보여주면 안 돼요. 알겠죠? 그리고 완성되면 바로 나에게 연락해줘요. 학교 입구에 있는 게스트하우스에서 꼼짝 않고 기다릴 테니까."

리처드의 열정적인 눈빛에는 보는 사람을 끌어들이는 힘이 있었다. 펄은 자기도 모르게 고개를 끄덕였다. 둘은 서로의 손을 꼭 붙잡은 채 한참 동안 놓을 줄을 몰랐다.

리처드가 펄에게서 원고를 받기로 했다는 이야기는 마침내 제인의 귀에도 흘러들어 갔다. 리처드가 게스트하우스에 머문 지 딱 열흘째 되는 날이었다.

제인은 겉보기엔 아무렇지도 않은 것 같았지만 꽉 쥔 손을 부들부들 떨고 있었다. 글을 쓰고 책으로 내는 일은 자신도 아직 하지 못한 일이었다. 그것도 리처드가 있는 제이데이 출판사라니, 제인은 펄에 대한 질투심으로 머리가 어지러울 지경이었다.

"그 촌뜨기가 글을 그렇게 잘 쓴단 말이야? 그걸 나더러 믿으라고?"

소문을 전해준 친구들은 제인의 목소리에 한기가 흐르기 시작하자 슬금슬금 뒷걸음질로 동아리방을 나갔다. 혼자된 제인의 눈이 일순간 섬뜩한 빛으로 번뜩였다.

"어디 그 잘난 글 구경이나 해봐야겠네."

모두가 잠든 시각, 펄과 안젤라의 방 앞으로 누군가 소리 없이 다가오고 있었다. 비상열쇠로 몰래 문을 열고 안으로 들어선 사람은 놀랍게도 한 손에 등불을 든 제인이었다. 제인은 잠시 그 자리에 서서 안젤라와 펄의 숨소리를 살폈다. 둘 다 깊이 잠이 든 것을 확인한 제인은 조심스레 펄의 책상 앞에 앉았다. 그리곤 책상 위에 등불을 올려둔 채 서랍을 뒤지기 시작했다.

원고는 두 번째 서랍 안에 들어가 있었다. 잠들기 직전까지 글을 쓴 듯 종이 위에서 잉크 냄새가 은은하게 풍겼다. 제인은 잠시 망설이다가 첫 장을 찾아 읽어 내려가기 시작했다.

원고지를 한 장 한 장 넘겨갈 때마다 제인의 얼굴이 조금씩 일그러졌다. 펄의 글은 제인이 생각했던 것보다 더 훌륭했다. 솔직하고 대담한 문장, 생생하고 다양한 인물들, 정확하고 담백한 묘사는 겉멋만 잔뜩 든 자신의 글과는 비교할 수도 없었다.

"인정 못 해."

원고지를 움켜쥔 채 손을 파르르 떠는 제인의 입에서 혼잣말이 흘러나왔다. 그 바람에 잠들어 있던 안젤라가 눈을 뜨고 말았다.

"아함, 방금 무슨 소리가······. 제, 제인!"

졸린 눈을 비비던 안젤라가 제인을 발견하곤 놀라서 소리쳤다. 당황한 것은 제인도 마찬가지였다. 그녀는 허둥대며 손에 들고 있던 원고지를 등 뒤로 감췄다. 하지만 이미 안젤라에게 모든 것을 들키고 난 후였다.

"서, 설마 그거······."

"넌 신경 끊어!"

제인이 책상에서 벌떡 일어나며 으르렁거렸다. 안젤라는 제인의 서슬에 눌려 겁먹은 얼굴로 앉아 있다가 어느 순간 입술을 꽉 깨물었다. 그녀가 두 팔을 벌린 채 제인의 앞을 가로막았다.

"펄이 쓴 원고를 훔쳐 가려는 거지? 안 돼! 그것만은 안 돼!"

"이게 진짜! 비켜서지 못해?"

"꺄악!"

제인은 입에 거품을 물면서 안젤라를 옆으로 떠밀었다. 그 바람에 책상에 놓여 있던 등불이 바닥으로 떨어졌다. 앗, 하는 사이에 바닥에 깔린 융단에 불씨가 옮겨붙으며 불길이 확 일어났다.

"부, 불이다!"

제인은 비명을 지르며 원고도 바닥에 내팽개친 채 밖으로 도망쳤다. 안젤라는 황급히 침대로 달려가 펄을 흔들어 깨웠다.

"펄! 일어나! 불이야, 불!"

어느새 불길은 방 한쪽을 전부 집어삼킬 것처럼 커져 있었다. 잠에서 깨어난 펄은 눈앞에서 일렁이는 불꽃을 보자마자 정신이 번쩍 들었다. 펄은 곧장 안젤라의 팔을 붙잡고 밖으로 뛰쳐나가며 소리를 질렀다.

"불이야! 누가 좀 도와줘요!"

고요하기만 하던 기숙사 건물이 소란스러워지기 시작했다.

왜애애애애앵!

게스트하우스에서 잠을 청하던 리처드는 갑작스런 사이렌 소리에 눈을 떴다. 창문에 걸려 있던 커튼을 걷은 그의 눈에 멀리 보이는 기숙사에서 불길과 연기 기둥이 솟아오르는 광경이 보였다. 다름 아닌 펄이 지내고 있는 그 기숙사 건물이었다.

"안 돼!"

리처드는 비명처럼 외치며 잠옷 바람으로 방문을 박차고 뛰쳐나갔다. 그리곤 황급히 어디론가 달려가던 학교 직원을 붙잡고 물었다.

"대체 뭐가 어떻게 된 겁니까?"

"제1기숙사 건물에 불이 났어요! 지금 소방대를 불렀는데 늦어져서 불 끌 사람들을 모으는 중입니다!"

"나도 같이 가겠소!"

리처드는 학교 직원과 함께 다른 사람들을 모아 기숙사 건물 쪽으로 뛰기 시작했다. 달려가는 내내 그의 머릿속에선 한 사람의 이름만

이 반복적으로 떠오르고 있었다.

'펄, 제발 무사하게 있어줘요!'

하지만 기숙사 앞에 도착하자마자 리처드의 머릿속은 새하얗게 변해버렸다. 펄의 방 창문에서 검은 연기가 뭉텅뭉텅 뿜어져 나오는 광경이 눈에 들어왔기 때문이었다. 겁에 질린 채 기숙사 밖으로 빠져나와 있는 학생들 중에서 펄의 모습은 보이지 않았다.

"이, 이봐요! 혹시 펄과 안젤라를 보지 못했습니까?"

리처드는 학생들을 찾아다니며 물어보았지만 다들 고개를 저을 뿐이었다. 그때, 그의 눈에 아직 불길로부터 무사한 입구가 보였다.

"기다려요, 펄!"

리처드는 자기도 모르게 외치며 입구를 향해 뛰기 시작했다.

하지만 펄은 리처드의 걱정과는 달리 밖으로 무사히 빠져나와 건물 뒤편의 잔디밭에 주저앉아 있었다. 펄과 안젤라는 멍한 눈으로 불길에 휩싸인 건물을 바라보다 서로의 얼굴을 살폈다.

"괜찮니, 안젤라? 안 다쳤어?"

"괜찮아. 정말 다행이다."

안젤라가 연기를 내뿜고 있는 창문을 올려다보며 가슴을 쓸어내렸다. 펄도 고개를 끄덕이며 한숨을 푹 내쉬었다. 그러다 다음 순간, 까맣게 잊고 있던 사실이 펄의 뇌리를 강타했다.

"내 원고! 원고를 두고 나왔어!"

자리에서 벌떡 일어나려는 펄을 안젤라가 황급히 붙잡았다.

"애가 미쳤나 봐! 그냥 잊어버려."

하지만 펄은 안젤라의 손을 뿌리치며 건물을 향해 달리기 시작했다. 절대 원고를 포기할 순 없었다. 리처드와의 약속 때문만은 아니었다. 자신의 모든 추억을 고스란히 담아놓은 그 원고를, 샤오디에 대한 기억을 모두 적어놓은 그 원고를 불타게 내버려둘 순 없었다.

"안 돼, 펄! 돌아와!"

뒤에서 안젤라가 비명을 질렀지만 펄은 뒤도 돌아보지 않고 건물 입구로 뛰어들었다. 하지만 들어서자마자 사방에서 덮쳐오는 열기와 시커먼 매연 때문에 정신을 차릴 수가 없었다. 펄은 옷소매로 코와 입을 틀어막은 채 2층으로 올라갔다.

하지만 2층은 이미 불길에 휩싸여 제 모습을 잃고 있었다. 어느 쪽이 자신의 방이고 어느 쪽이 출구인지조차 알 수 없었다. 후끈한 열풍이 몰아치며 숨이 턱 막혀오자 펄은 자신의 행동이 잘못되었다는 걸 깨달을 수 있었다.

'도저히 안 되겠어, 여기서 나가야 돼.'

하지만 이미 올라왔던 계단까지도 불길에 휩싸여 있었다. 펄은 결국 숨이 막혀 비틀거리다가 바닥에 쓰러지고 말았다. 타는 듯한 열기로 눈앞이 뿌옇게 흐려지며 서서히 의식이 멀어져갔다.

'이렇게 죽고 마는 걸까?'

헐떡이던 펄의 눈앞에 샤오디의 얼굴이 떠올랐다. 하얀 이를 드러내며 순박하게 웃던 그 까무잡잡한 얼굴, 죽게 되면 그 얼굴을 두 번 다시 볼 수 없을 거라 생각하니 슬펐다. 펄은 눈물이 뺨을 타고 흘러내리고 있는 것도 느끼지 못한 채 천천히 눈을 감았다.

"펄, 펄! 눈 좀 떠 봐요!"

그때, 누군가 펄의 어깨를 붙잡고 거세게 흔들었다. 간신히 눈을 뜬 펄은 누군가 자신을 안아들고 있다는 걸 알아차렸다. 검은 눈과 까무잡잡한 얼굴, 바로 샤오디였다. 펄은 무심결에 손을 뻗어 샤오디의 얼굴을 어루만졌다.

"샤오디? 진짜 샤오디가 나를 구하러 와준 거야?"

그 말을 들은 샤오디의 얼굴이 당혹감으로 구겨졌다. 이윽고 까무잡잡하던 피부가 하얗게 변하고 검은 눈은 푸른색으로 물들었다. 그제야 눈앞의 사람이 누군지 알아차린 펄은 깜짝 놀라 손을 거두었다.

"리, 리처드 씨?"

"일단 밖으로 나가도록 하죠. 꽉 잡아요!"

리처드는 양팔로 펄을 안아든 채 불이 붙기 시작한 계단을 질풍처럼 빠르게 뛰어 내려갔다. 그리곤 단숨에 불이 붙은 문짝을 걷어차며 건물 밖으로 튀어 나갔다.

"펄! 리처드 씨!"

리처드가 펄을 안은 채 가까스로 바깥으로 나오자 초조하게 기다리고 있던 안젤라가 허겁지겁 달려와 두 사람을 끌어안았다. 이미 우느라 눈이 퉁퉁 부은 안젤라였지만, 기어이 또 눈물을 한 바가지 쏟아낸 후에야 펄과 리처드를 놓아주었다. 어느새 몰려온 사람들이 여기저기서 물을 뿌리며 불을 끄고 있었다.

제인은 멀찍이 떨어진 곳에 서 있었다. 못된 짓은 골라서 해온 그녀도 눈앞에서 불타는 건물을 보고는 겁에 질려 딱딱하게 굳어져 있었다.

"제인 해리슨!"

어느새 안젤라가 눈물을 닦으며 제인에게 다가섰다. 그리곤 대뜸 제인의 뺨을 올려붙였다.

짜악!

충격을 받은 제인의 얼굴이 한쪽으로 홱 돌아갔다. 제인은 얼굴을 돌린 채로 멍하니 서 있다가 믿어지지 않는다는 눈으로 안젤라를 쳐다보았다. 하지만 안젤라는 조금도 기죽지 않은 모습으로 소리를 질렀다.

"너 때문에 사람이 죽을 뻔했어! 이제 속이 시원하니? 시원하냔 말이야!"

안젤라의 고함소리에 주변에 있던 사람들의 눈길이 제인을 향했다.

"제인이……? 제인이 불을 낸 거야?"

"정말 네가 그랬니? 대체 왜?"

잔잔한 수면 위에 파문이 번져나가듯 웅성거림이 사방으로 퍼졌다. 제인은 아무 말도 못한 채 입술을 깨물며 고개를 돌렸다.

그런 제인의 눈에 먼 곳에 나란히 앉아 있는 펄과 리처드의 모습이 보였다. 그런 일을 당했으면서도 리처드에게 안긴 펄의 얼굴에는 미소가 그려져 있었다. 리처드 또한 흐뭇한 눈길로 펄을 바라보며 옷에 묻은 검댕을 털어주고 있었다.

잠시나마 꺼졌던 질투의 불꽃이 제인의 가슴속에서 다시 맹렬히 타오르기 시작했다.

'펄 사이든스트리커! 다시는 내 앞에서 웃지 못하게 해주겠어. 네가 소중하게 여기는 것들을 모조리 빼앗고 말겠어! 모조리!'

며칠 후, 리처드는 사태가 진정되기도 전에 게스트하우스를 떠나야만 했다. 펄이 원고를 처음부터 새로 써야 해서 마냥 기다릴 수 없었던 데다가, 뉴욕의 출판사에서 급히 돌아오라는 전보가 왔기 때문이었다.

"펄. 두 달 뒤에 올게요. 그때 돌아오면 새로 완성이 되어 있겠죠?"

"걱정하지 마세요. 제가 계속 재촉할게요."

안젤라가 끼어들며 대답했다. 펄이 새침한 눈으로 안젤라를 흘겨보았고, 안젤라는 재빨리 눈길을 피하며 딴청을 부렸다. 리처드는 그런 두 사람을 웃는 얼굴로 바라보다가 자동차에 올라탔다.

"흥, 새로 원고를 써봤자 소용없을걸?"

리처드를 태운 차가 멀어지자 등 뒤에서 싸늘하고 기분 나쁜 목소리가 들려왔다. 펄과 안젤라가 돌아보자 짐작대로 제인이 서 있었.

안젤라에게 전날 밤에 있었던 일을 들은 뒤라 펄의 목소리는 싸늘하기 그지없었다.

"갑자기 무슨 소리야?"

"리처드는 두 번 다시 여기론 오지 않을 거야."

제인의 자신만만한 대답에 펄과 안젤라는 의아한 눈으로 서로를 쳐다보았다. 제인이 피식 웃으며 말했다.

"곧 알게 될 거야. 그때까지 중국에 대한 낙서나 계속하고 있으라고. 어차피 쓸데없는 헛수고일 테지만."

말을 마친 제인이 깔깔거리며 멀어져갔다. 펄은 제인의 뒷모습을 불안한 눈길로 바라보았다. 안젤라가 애써 펄을 위로했다.

"거, 걱정하지 마. 별일 있겠어? 네 재능을 질투해서 저러는 거야. 넌 아무 걱정하지 말고 글에만 집중해. 나머지는 리처드 씨를 믿으면 되니까. 알겠지?"

펄은 말없이 고개를 끄덕였다. 하지만 머릿속에 감도는 불길한 예감만은 떨칠 수가 없었다.

"그게…… 대체 무슨 소립니까?"

출판사로 돌아온 리처드는 여독이 채 풀리기도 전에 아버지에게서 청천벽력 같은 말을 들어야만 했다. 당혹스러운 얼굴로 자신을 바라보는 리처드를 향해 아버지가 괴로운 듯이 입을 열었다.

"회사의 경영난이 심해져서 어쩔 수가 없었다. 해리슨 가문에게 자금을 지원받는 대신, 너와 제인의 결혼을 수락하기로 했다."

리처드의 머릿속에 자신을 먼발치에서 질투 어린 눈길로 쳐다보던 제인의 모습이 떠올랐다. 리처드는 책상을 주먹으로 내려치며 언성을 높였다.

"말도 안 됩니다! 아무리 회사가 중요하다고는 하지만 결혼하는 건 접니다. 이미 마음에 둔 사람이 있다고요. 이런 중대한 일을 저와 아무 상의도 없이……!"

"투정 부리지 마라! 넌 제이데이 출판사의 후계자야. 너에겐 직원들과 독자들을 위해 출판사를 유지해야 할 책임이 있어! 그걸 아직도 모르는 거냐?"

리처드는 아무 말도 못하고 주먹을 틀어쥐었다. 그도 출판사가 힘들다는 건 잘 알고 있었다. 그렇기 때문에 더욱더 펄의 원고가 필요했던 것이다.

"아버지, 두 달만 더 시간을 주세요! 제가 지금 준비하고 있는 책만 출간되면……."

"우리에겐 내일까지 기다릴 여력조차 없다. 당장 자금을 지원받지 않으면 출판사가 쓰러진다는 건 너도 잘 알잖느냐?"

리처드는 이를 악물었다. 아버지가 한숨을 쉬며 말했다.

"너에겐 미안하게 생각한다. 하지만 상대는 미국 굴지의 명문가! 곰곰이 생각해보면 너로서도 나쁜 일은 아닐 거다."

아버지는 그 말을 끝으로 밖으로 나가버렸다. 혼자 남은 리처드는 이윽고 소파에 무너지듯 주저앉고 말았다.

얼마 지나지 않아 랜돌프 메이콘 대학에 이상한 소문이 돌기 시작했다. 제인이 결혼을 위해 조만간 학교를 그만두게 될 거라는 이야기였다. 펄과 안젤라는 제인이 학교를 떠난다는 사실에 기뻐했지만, 제인의 결혼 상대가 누군지 듣고 난 후에는 더 이상 웃을 수 없었다.

"리처드라고? 제이데이 출판사의 리처드 월시 말이야?"

펄은 도저히 믿을 수 없다는 표정으로 소식을 전해준 친구에게 되물었다.

"응. 정말이야. 결혼식에 초대받은 교수님께 직접 들었는걸."

그 말을 들은 펄의 심장이 쿵, 소리를 내며 내려앉았다. 다시는 리처드를 보지 못하게 될 거라는 제인의 말이 무슨 뜻이었는지 그제야 이해할 수 있었다.

동시에 가슴 한쪽이 바늘로 찌른 듯 아파왔다. 펄은 그제야 자신의 마음속에 샤오디와 마찬가지로 리처드 또한 소중하게 자리 잡고 있었다는 사실을 깨달을 수 있었다.

"말도 안 돼……. 리처드 씨가 대체 왜? 제인이 가문의 힘을 빌려서 안 좋은 일을 벌인 게 분명해!"

펄은 안젤라의 말에 대답하지 않았다. 그녀는 책상으로 다가가 서랍을 열었다. 이제 막 완성단계에 접어든 두툼한 원고뭉치가 안에 가지런히 놓여 있었다.

그녀는 원고를 꺼내 한동안 가만히 들여다보았다. 중국에서의 추억, 샤오디와의 기억뿐만 아니라 리처드와 함께한 순간들도 그 위로 얼핏 보이는 듯했다.

다음 순간, 펄은 아무 미련도 없다는 듯 눈앞 벽난로에 원고를 던져 넣었다. 두툼한 원고지가 그대로 불 속에서 타오르기 시작했다.

"무, 무슨 짓이야!"

안젤라가 놀라서 소리를 질렀지만 펄은 아무런 반응도 보이지 않았다. 그저 재가 되어 사그라지는 원고지를 보며 힘없이 중얼거릴 뿐이었다.

"벌써 겨울인가 봐. 춥네."

어느새 곁으로 다가온 안젤라가 펄 대신 눈물을 흘리기 시작했다. 펄은 그런 안젤라를 꼭 끌어안으며 눈을 감았다.

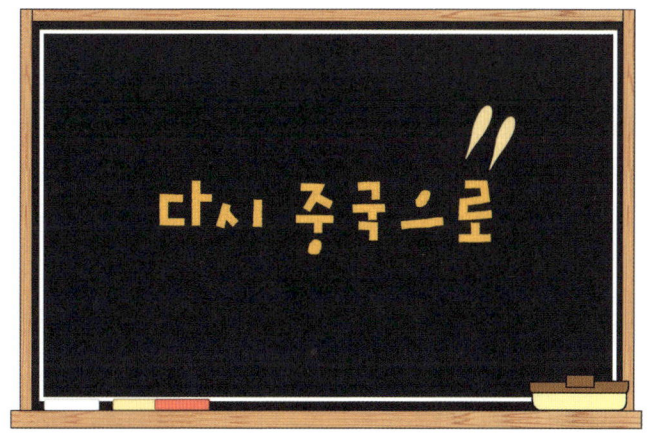

그로부터 많은 시간이 흘렀다. 랜돌프 메이콘 대학도 펄이 처음 입학한 이후 벌써 네 번째의 봄을 맞이하고 있었다. 겨우내 쌓였던 눈이 서서히 녹아내리고, 지붕 끝에 주렁주렁 매달렸던 고드름도 하나둘 바닥으로 떨어졌다. 그 사이로 푸릇푸릇한 새싹들이 돋아나고 있었다.

1학년 새내기에 불과했던 펄과 안젤라도 어느새 졸업반인 4학년이 되어 있었다. 펄의 마음속에 났던 상처도 세월의 흐름 속에서 서서히 아물어갔다. 하지만 가끔씩 들려오는 리처드에 대한 소문은 새살이 돋기 시작한 상처를 헤집어 놓기도 했다.

"그거 들었니? 제이데이 출판사가 경쟁사였던 허커비 출판사를 사들였대."

"제인과 리처드가 결혼한 이후로 해리슨 가문이 막대한 자금을 지원한다는 게 사실이구나."

"역시 돈이 있고 봐야 한다니까."

그런 이야기가 들릴 때마다 펄은 귀를 닫고 학문에 매진했다. 읽을거리가 끊이지 않는 학교 도서관은 펄의 허전한 가슴을 채워주는 든든한 지원군이자 편안한 안식처 역할을 톡톡히 했다.

졸업이 가까워지면서 펄의 머릿속에는 중국으로 돌아가고 싶다는 생각이 간절해졌다. 탁한 빛깔이지만 도도히 흘러가는 거대한 강과 새벽이면 자욱한 물안개를 피워내는 웅장한 산, 커다란 목소리로 싸우듯 정을 나누던 중국 사람들이 못 견디게 그리웠다.

마침내 펄은 졸업만 하면 아버지가 뭐라고 하든 중국으로 돌아가기로 결심했다.

뜻밖에도 그 결심은 어렵지 않게 실현되었다. 졸업식을 하루 앞두고 중국에서 전보가 날아든 것이다.

전보를 받아든 펄의 얼굴이 창백하게 변하자 안젤라가 조심스레 물었다.

"무, 무슨 일인데 그래?"

"중국으로 돌아가야 해."

"중국? 그 먼 곳까지 꼭 가야 해?"

안젤라가 펄쩍 뛰며 물었다. 펄은 고개를 끄덕였다.

"중국에 계신 아버지가 많이 편찮으시대."

그 말을 듣자 안젤라도 어쩔 수 없다는 듯이 한숨을 쉬었다. 그리곤 아쉬움이 가득한 얼굴로 펄의 어깨를 꼭 안았다.

"거기 간다고 나 잊어버리면 안 돼."

"어떻게 널 잊겠니?"

펄은 희미한 미소를 지으며 안젤라를 보았다. 안젤라가 당부하듯

말했다.

"그리고 내가 네 글을 항상 기다리고 있다는 것도 꼭 기억해. 너는 글을 써야만 해. 넌 내가 가지지 못한 재능이 있단 말이야. 제인이나 리처드와의 일 때문에 그걸 포기하면 안 돼. 그러면 내가 용서 안 할 거야. 알겠지?"

4년 내내 자신이 쓰러지지 않도록 지탱해준 안젤라의 우정 어린 충고였다. 펄은 눈물이 나려고 하는 것을 간신히 참아냈다. 그리곤 안젤라를 향해 결연히 고개를 끄덕였다.

다시 돌아온 중국은 4년 전과는 사뭇 달라진 모습이었다. 낮고 유려하게 이어진 기와지붕 사이로 서양식 건물들이 드문드문 고개를 내밀고 있었고, 거리를 가득 메우고 있는 인력거와 마차 사이로 번쩍이는 자동차들도 심심찮게 눈에 띄었다.

"이곳도 많이 달라졌구나."

기차역에 내려 한껏 숨을 들이쉬며 펄은 눈을 동그랗게 떴다. 오랜만에 돌아온 펄을 환영하기라도 하듯, 머리 위에서 태양이 눈부신 햇살을 비추고 있었다. 똑같은 태양임이 분명한데, 중국에서 받는 햇살은 미국의 그것보다 한결 더 따스하게 느껴졌다.

"뭘 그리 멀뚱히 계십니까? 4년 만에 다시 와보니 역시 어색하신 모양이죠?"

펄의 귓가에 약간 냉소 섞인 목소리가 들려왔다. 뒤를 돌아보니 중국식 복색을 갖춰 입은 젊은 남자가 혀를 차며 자신을 바라보고 있었다. 펄은 몇 번이나 눈을 깜빡인 후에야 그가 누구인지 알아볼 수 있었다.

"린뱌오!"

"나 참, 이제야 기억나신 겁니까? 전 보자마자 아가씨인 줄 알아봤다고요. 섭섭하네요."

키가 훌쩍 커진 린뱌오였지만 입을 삐죽이며 툴툴거리는 모습은 달라진 것이 없었다. 펄은 주변 사람들의 눈길은 생각도 않고 린뱌오의 손을 덥석 붙잡으며 함박웃음을 지었다.

"정말 오랜만이다. 그동안 잘 지냈어? 별일 없었고?"

"그건 아가씨가 아니라 제가 해야 할 대사 같은데요? 그리고 이 손 좀 놓아주시죠. 다른 사람들이 이상하게 쳐다보잖아요. 남녀칠세부동석! 그새 잊으셨어요? 대체 미국에서 뭘 배워오신 겁니까?"

그제야 펄은 떨떠름한 얼굴로 린뱌오의 손을 놓았다. 린뱌오가 옷에다 손을 닦으며 톡 쏘아붙였다.

"저 이젠 임자 있는 몸입니다. 조심해주셔야 한다고요."

"너 결혼했어?"

린뱌오는 펄이 가져온 짐을 마차 뒤칸에 실으며 거드름을 피웠다.

"주인님께서 신경 써주신 덕에 일찍 가정을 차릴 수 있었죠. 이래 봬도 친구들 사이에선 부러움을 한 몸에 받는 처지라고요."

"아버지께서?"

펄의 눈이 휘둥그레졌다. 중국인이라면 질색을 하시던 아버지가 하인의 결혼에 신경을 써주다니 믿을 수 없는 일이었다.

"그게 정말이야? 말도 안 돼!"

"아프신 후로 주인님이 좀 변하셨거든요, 아가씨는 모르시겠지만."

"아버지는 대체 어떠셔? 어디가 얼마나 아프신 거야? 의사는 뭐래?"

쉴 새 없이 질문을 던지는 펄을 향해 린뱌오가 손사래를 쳤다.

"길바닥에서 그 긴 이야기를 해야겠습니까? 일단 마차에 타세요, 좀!"

펄과 린뱌오가 마차에 올라타자 말들이 한차례 울부짖더니 움직이기 시작했다. 희뿌연 먼지를 일으키며 달리는 마차 위에서 린뱌오가 설명을 시작했다.

"의사 말로는 풍토병이래요. 미국에 있는 병원에 가면 쉽게 치료할 수 있다던데 왜인지 주인님 본인이 여기 남겠다고 고집을 부리셔서 이러지도 저러지도 못하고 있습니다."

"……."

펄은 말없이 고개를 끄덕였다. 중국에서의 선교활동은 아버지에게 목숨보다 더 중요한 종교적 사명이었다. 죽을 때 죽더라도 아버지가 중국 땅을 스스로 떠나는 일은 결코 없을 터였다.

"저기, 한 가지 더 묻고 싶은 게 있는데……. 아니야, 됐어."

펄은 머뭇거리며 입을 열다가 이내 손을 휘휘 저으며 고개를 숙였다. 그런 펄을 의아하게 바라보던 린뱌오의 눈빛이 무언가를 알아차린 듯 반짝였다. 그가 지나가는 말투로 슬쩍 입을 열었다.

"한 가지 더 말씀드리자면, 아가씨한테 용돈을 탈탈 털어 부었던 그 바보 같은 샤오디 녀석은 무사합니다."

그 말에 펄은 자기도 모르게 눈을 동그랗게 뜨며 린뱌오를 쳐다보았다. 린뱌오는 그런 펄을 보지 못한 척 창밖으로 시선을 돌렸다.

"하지만 결국 주인님과 친분이 있는 관리들의 등쌀에 가족과 함께 이 마을을 떠나고 말았지요. 베이징으로 갔다고 하던가……."

펄은 생각지도 못한 샤오디의 소식에 눈물을 글썽였다. 그리고 여전히 창밖을 내다보는 린뱌오에게 들릴 듯 말 듯한 목소리로 말했다.

"고마워, 린뱌오."

창밖을 바라보던 린뱌오의 입가가 살짝 움직였다.

마차는 금세 저택 앞에 도착했다. 벽돌색이 조금 벗겨진 것만 빼면, 저택 또한 예전의 모습을 그대로 간직하고 있었다. 여름날이면 시원한 그늘을 제공해주던 정원의 나무도, 펄이 시도 때도 없이 뛰어넘어 다니던 야트막한 담장도 변한 것이 없었다.

"펄!"

"엄마!"

현관문을 열자 가장 먼저 캐롤라인이 펄을 반겨주었다. 누가 먼저랄 것도 없이 두 여인의 눈에서 뜨거운 눈물이 흘렀다. 캐롤라인은 무엇에 홀린 사람처럼 주름진 손으로 펄의 얼굴을 연방 어루만졌다.

"진짜 우리 딸 맞니? 우리 딸 펄 맞지?"

"맞아요. 엄마 딸 펄이에요."

펄은 애써 미소를 지으며 눈가에 맺힌 눈물을 닦았다. 그간 마음고생이 심했는지 캐롤라인의 얼굴은 몰라보게 늙어 있었다. 펄은 다시 한 번 그녀를 끌어안으며 그리운 체온을 마음껏 맛보았다.

"아버지는 지금 어디 계세요?"

"안방에 계신단다. 아침부터 기다리셨으니 어서 가보렴."

펄은 캐롤라인과 린뱌오를 따라 안방으로 향했다. 문 앞에 서자마자 지독한 소독약 냄새가 코를 찔렀다.

문고리를 잡은 린뱌오가 펄을 돌아보며 말했다.

"그간 병마와 싸우느라 많이 쇠약해지셨습니다. 모습이 많이 달라지셨으니 너무 놀라지 마세요."

펄은 입술을 꾹 다문 채 고개를 끄덕였다. 곧바로 린뱌오가 문을 열었고, 세 사람은 함께 안으로 들어갔다.

압살롬은 방 한쪽에 놓인 침대 위에 죽은 듯이 누워 있었다. 예전의 강건한 모습은 간데없이, 뼈만 남은 비참한 꼴이었다. 머리카락은 팔순 노인의 그것처럼 하얗게 세어버렸고, 핏줄이 푸르스름하게 불거진 팔뚝엔 링거병과 연결된 튜브가 생명선처럼 꽂혀 있었다.

펄이 책망하는 눈길로 캐롤라인을 쳐다보았다.

"왜 이렇게 되실 때까지 연락도 한 번 없으셨어요?"

캐롤라인의 입에서 한숨이 새어나왔다.

"네가 졸업하기 전에 달려올까 봐 연락도 못 하게 하셨단다. 아버지 고집은 너도 잘 알잖니."

펄은 말없이 침대 옆으로 다가가 압살롬을 내려다보았다. 쇠약해진 얼굴을 바라보고 있자 그를 떠올리며 두려워했던 과거의 시간들이 거짓말처럼 씻겨 내려갔다. 어느새 펄의 뺨 위로 눈물 한 방울이 천천히 흘러내리고 있었다.

인기척을 느낀 듯, 압살롬이 감았던 눈을 힘겹게 떴다. 펄을 발견하자 그의 눈동자가 커졌다.

"졸업은…… 졸업은 잘 마치고 왔느냐?"

잘 들리지도 않는 목소리로 압살롬이 물었다. 펄은 손가락으로 고인 눈물을 훔치며 고개를 끄덕였다.

"네, 제가 학교 대표로 연설도 했는걸요."

주름지고 앙상한 압살롬의 손이 펄의 손목을 힘겹게 붙잡았다. 펄은 지금껏 압살롬에게 한 번도 느껴본 적 없는 연민과 애정이 손목을 타고 가슴으로 전달되는 것 같은 착각에 빠졌다.

방문이 열리고 낯선 청년이 안으로 들어선 건 바로 그때였다. 큰 키에 무뚝뚝한 인상을 가진 청년을 향해 린뱌오가 허리를 깊이 숙여 인사했다.

"오셨습니까, 존 선생님."

존이라고 불린 청년은 린뱌오를 무시하고 캐롤라인에게만 가볍게 목례를 했다. 그는 아무 말도 없이 펄이 서 있는 옆으로 다가섰다.

"펄 사이든스트리커 씨?"

"그런데요, 누구시죠?"

대뜸 방 안에 들어와 이름을 물어보는 존을 향해 펄이 경계의 눈빛을 보냈다. 존이 펄을 향해 고개를 살짝 숙여보였다.

"존 로싱 벅이라고 합니다. 난징南京대학에서 농업학을 가르치고 있습니다. 압살롬 목사님과는 같은 교회에 나가고 있습니다."

"그렇군요."

펄은 자기도 모르게 쌀쌀맞은 소리로 대꾸했다. 존의 언행은 어딘지 모르게 타인으로 하여금 기분이 나빠지게 만드는 구석이 있었다.

그때, 가느다란 압살롬의 목소리가 들려왔다.

"날짜는 언제로 잡는 것이 좋겠나?"

"예? 무슨 날짜요?"

펄이 어리둥절한 표정을 지었다. 존은 그 말을 기다렸다는 듯이 술술 대답했다.

"목사님과 따님만 괜찮으시다면 다음 달 5일쯤이면 적당하지 않을까 싶습니다."

존은 그렇게 말하며 곁눈질로 펄의 얼굴을 흘낏 살폈다. 알 수 없는 불길한 예감에 펄은 미간을 찌푸리며 앙칼진 소리로 외쳤다.

"그게 대체 무슨 소리예요? 다음 달 5일에 뭘 한다는 건데요?"

압살롬이 뼈만 남은 손가락을 들어 눈앞의 존을 가리키며 말했다.

"여기 있는 존과 너의 결혼이다."

충격으로 펄은 아무런 말도 할 수 없었다. 그녀는 뒤에 서 있던 캐롤라인과 린뱌오를 향해 이게 어찌 된 일이냐는 듯 의아한 눈길을 보냈다. 하지만 두 사람은 펄의 눈길을 피하며 씁쓸한 표정만 지을 뿐이었다.

"말도 안 돼."

펄은 어처구니없다는 듯 웃으며 압살롬에게로 눈을 돌렸다. 뭐라고 할 기력도 없는지 압살롬은 흐리멍덩한 시선으로 펄을 바라보기만 할 뿐이었다.

펄의 입에서 독살스런 말들이 쏟아져 나오기 시작했다.

"편찮으셔도 아버진 여전하시군요. 쫓겨나듯 떠났다가 4년 만에 돌아온 딸에게 한다는 말씀이 생전 처음 보는 사람과 결혼을 하라고요? 잠시나마 아버지가 바뀌었을 거라고 생각한 내가 바보였어요. 절대 안 해요. 싫어요!"

펄은 앙칼진 소리로 외친 뒤 씩씩거리며 방을 나섰다. 린뱌오가 붙잡으려 다가갔지만 펄이 무시무시한 눈으로 노려보는 바람에 손도 댈 수 없었다.

펄이 떠나자 방 안에는 침묵만이 무겁게 내리깔렸다. 존이 씁쓸한 눈길로 압살롬을 내려다보며 입을 열었다.

"너무 걱정하지 마십시오. 제가 잘 설명하겠습니다."

"그래. 자네가 잘 다독여주게."

압살롬이 간신히 고개를 끄덕였다.

저택에서 뛰어나온 뒤, 펄은 쉬지 않고 달렸다. 그녀는 강에 걸린 다리를 건너 허름한 농가가 늘어서 있는 곳에 이르러서야 멈춰 섰다.

턱까지 차오른 숨을 한참 동안 뱉어낸 후에야 펄은 자신이 선 곳이 어딘지 알아볼 수 있었다. 다름 아닌 샤오디가 살던 동네였다. 그녀의 입에서 한탄 섞인 소리가 새어나왔다.

"바보 같긴, 이제 아무도 없는데."

그녀는 불에 탄 흔적이 역력한 집터를 한참이나 바라보며 서 있었다. 그때, 누군가 등 뒤에서 그녀의 이름을 불렀다.

"펄? 펄 맞지? 돌아온 거야?"

펄은 반가움이 담긴 목소리에 황급히 돌아섰다. 미국으로 떠나기 전에 샤오디와 함께 어울려 놀곤 했던 친구, 마룽이 그곳에 있었다. 린뱌오와 마찬가지로 그도 청년이 되어 있었지만 특유의 서글서글한 인상만은 여전히 눈에 띄었다.

"마룽! 너 진짜 마룽이야?"

"세상에! 천방지축처럼 돌아다니던 게 엊그제 같은데 정말 숙녀가 다 되셨군."

마룽은 호탕하게 웃으며 펄에게 다가섰다. 그가 펄이 바라보고 있던 집터를 흘낏 보더니 씁쓸한 표정으로 고개를 저었다.

"샤오디 녀석, 내 말 믿고 좀 더 기다릴 것이지 그새를 못 참고 입당을 해버리다니."

"입당?"

펄이 눈을 동그랗게 뜨고 물었다. 마룽이 고개를 끄덕였다.

"응, 사촌 형과 함께 국민당에 들어갔다더군."

"국민당은 또 뭐야?"

펄의 물음에 마룽이 어이없다는 듯 혀를 내둘렀다.

"너 정말 요새 중국이 어찌 돌아가는지 전혀 모르는구나? 나도 촌구석에서 농사나 짓는 처지라 잘은 모르지만 일단 들어봐."

펄은 마룽의 설명에 귀를 기울였다.

오랜 세월 대륙을 지배하던 청 왕조가 무너지고 청 왕조를 무너뜨린 위안스카이마저 독재를 일삼다 축출된 후 중국은 장제스가 이끄는 국민당과 마오쩌둥이 이끄는 공산당, 두 개의 세력으로 나뉘었다. 공산당과 국민당의 대립은 단지 이념의 충돌이 아닌 물리적 전쟁으로 이어졌다. 청과 외세와의 전쟁보다 두 당 사이의 충돌로 사망한 사람들이 더 많을 정도로 두 당은 중국 전역에 걸쳐 첨예하게 대립하고 있었다.

거기까지 말한 마룽의 입에서 긴 한숨이 새어나왔다.

"같은 중국 사람인데 왜 그리 싸워대는지 알 수가 없다니까. 아무튼 샤오디가 국민당에 들어간 뒤로는 나도 통 소식을 못 들었어."

그의 얼굴에는 샤오디에 대한 걱정이 가득했다. 펄의 표정도 덩달아 무거워졌다. 마룽이 그녀의 어깨를 툭툭 두드렸다.

"너무 걱정하지 마. 그 녀석, 싹싹하고 끈질겨서 어디서든 잘 지낼 거야."

마룽은 그 말을 끝으로 쟁기를 어깨에 둘러메며 작별을 고했다. 하지만 펄은 마룽이 떠난 후에도 한참 동안 그 자리에 서 있었다.

"여기 계셨군요. 한참 찾았습니다."

누군가가 뒤편에서 펄의 어깨를 붙잡으며 말했다. 펄은 잠에서 깨어난 사람처럼 화들짝 놀라서 돌아섰다. 조금 전 저택에서 만났던 존 로싱 벅이 바로 뒤에 서 있었다. 펄은 반사적으로 눈살을 확 찌푸렸다.

"웬일이시죠? 아니, 그보다 여긴 어떻게 알았죠?"

"린뱌오라는 하인이 여기로 데려다주더군요."

펄은 그제야 존의 뒤편에 마차를 세워두고 있는 린뱌오를 발견할 수 있었다.

"린뱌오, 너……."

린뱌오는 자신은 잘못 없다는 듯 어깨를 으쓱이며 다른 쪽으로 고개를 돌렸다. 존이 말했다.

"그를 탓할 필요 없습니다. 그는 하인으로서 주인에게 충직한 것뿐이니까요."

"마치 린뱌오의 주인이라도 된 것처럼 말씀하시는군요?"

"이제 곧 그렇게 될 테니까요."

"뭐라고요? 꿈 깨시죠. 전 죽었다 깨어나도 당신 같은 사람하고……."

"저도 딱히 결혼을 원하는 건 아닙니다."

존의 말에 펄은 잠시 할 말을 잊고 말았다. 그녀가 어렵사리 입을 열어 물었다.

"그럼 대체 왜?"

"압살롬 목사님께서 몸담고 계신 장로회가 장로들의 힘이 막강한 교파라는 건 알고 계시겠죠?"

펄은 고개를 끄덕였다. 압살롬이 이름난 선교사라고는 하나, 정식으로 교적에 등록된 직위는 어디까지나 일개 목사에 불과했다. 목사의 임명과 해임에 관련된 권한을 쥐고 있는 장로들 앞에선 한낱 파리 목숨과도 다를 것이 없었다.

"이 결혼은 장로님들의 주선으로 시작된 일입니다. 저와 알고 지내는 장로님께서 목사님께 비슷한 나이의 따님이 있다는 걸 알고 소개를 하신 거죠. 장로교에서 교회의 자제들끼리 결혼하는 일을 권장하고 있는 것도 알고 계시겠죠?"

펄은 다시 한 번 고개를 끄덕였다.

"압살롬 목사님께선 지난 몇 년간 병마 때문에 선교사의 책무를 제대로 이행하지 못하셨습니다. 원래대로라면 선교사 자리를 포기하고 본국으로 돌아가셨어야 했지만 본인의 고집 때문에 계속 남아 계셨던 거지요. 그 바람에 교파를 좌지우지하는 장로들에게 적지 않게 미움을 사셨고요."

존이 나직한 목소리로 덧붙였다.

"만약 이번 결혼이 성사되지 않으면 목사님께선 파문당하실 겁니다."

"파문이요?!"

파문은 종교인에게는 사망선고와도 같은 일이었다. 평생 신앙에 몸을 바쳐온 아버지 압살롬에겐 죽음보다 더한 고통일 것이 뻔했다.

"저는 목사님께 여러 차례 도움을 받아왔습니다. 어떤 수를 쓰더라도 그분이 파문당하시는 것만은 막고 싶은 게 제 심정입니다."

존의 무뚝뚝한 눈동자에 처음으로 진심이 묻어났다. 펄은 자기도 모르게 입술을 잘근잘근 씹었다. 샤오디와 리처드의 얼굴이 번갈아 머릿속을 스쳐 지나갔다.

"아무리 그렇다고 해도 처음 보는 당신과 결혼을 할 수는 없어요. 생각할 시간을 주세요."

그날 저녁, 저택 안방에는 낯선 손님들이 찾아와 있었다. 검은 양복 차림에 흰 수염을 길게 늘어뜨린 그들이 바로 압살롬의 파문을 결정할 장로들이었다. 압살롬은 캐롤라인의 도움을 받아 침대에서 간신히 내려와 장로들을 맞이했다.

"이런 꼴을 보여드려 죄송합니다, 쿨럭! 쿨럭!"

압살롬이 몸을 부르르 떨며 기침을 하자 옆에서 캐롤라인이 걱정스러운 얼굴로 등을 두드렸다. 하지만 장로들의 얼굴은 마치 가면처럼 아무런 변화도 없었다. 그중 한 명이 압살롬을 향해 말했다.

"듣자하니 오늘 딸이 미국에서 돌아왔다면서요?"

"그렇습니다."

압살롬은 가래 낀 목소리로 대답했다. 장로들의 얼굴에 불쾌한 표정이 떠올랐다.

"그랬으면서 우리에게 알리지도 않았다는 말인가? 어처구니가 없군."

"어허, 너무 그러지 마시오. 그렇지 않아도 몸이 안 좋은 분에게……. 그래서, 날짜는 잡았습니까?"

"그, 그것은……."

압살롬은 장로의 물음에 제대로 대답하지 못하고 말끝을 흐렸다. 장로들의 얼굴에 어린 불쾌감이 한층 더 짙어졌다.

"왜? 무슨 문제라도 있습니까?"

"딸아이가 딱히 결혼을 원하는 것 같지가 않습니다."

서 있는 것이 힘든지 압살롬이 헐떡이며 간신히 대답했다. 하지만 돌아온 것은 싸늘한 침묵뿐이었다.

"면목이…… 없습니다."

압살롬이 딱딱한 표정으로 서 있는 장로들을 향해 허리를 깊이 숙였다. 그제야 장로들의 입에서 뒤늦은 장탄식이 흘러나왔다. 그들의 서릿발 같은 눈초리가 압살롬을 찔러왔다.

"오랫동안 이 더러운 땅에서 선교사 역할을 자처하여 신앙이 깊은 인물인 줄 알았더니 아니었군. 감히 하나님의 뜻으로 맺어지려 하는 부부를 가로막다니."

"고작 딸 하나도 마음대로 하지 못하다니……, 쯧쯧!"

"딸 하나 움직이지 못하는 자네가 이 고집스럽고 야만적인 중국인들을 제대로 움직였겠나? 응? 이래 놓고 파문을 피하길 바라는 건 아니겠지?"

"부, 부탁드립니다. 파문만은 제발!"

파도처럼 쏟아지는 비난을 견디지 못하고 압살롬은 털썩 무릎을 꿇고 말았다. 그리곤 굴욕적이게도 머리를 바닥에 조아렸다.

콰앙!

그때, 펄이 안방 문을 거칠게 열어젖히며 안으로 뛰어들었다. 그녀는 놀란 듯 자신을 쳐다보는 장로들의 시선을 무시하며 압살롬에게로 달려갔다.

"아버지! 그깟 파문이 뭐라고 이들에게 이런 꼴까지 보이세요? 당

장 미국으로 가요, 네?"

하지만 압살롬은 부들부들 떨며 고개를 저었다. 그리곤 해골 같은 손으로 펄의 팔을 움켜쥐었다.

"제발…… 제발 나를 이 땅에서 죽을 수 있게 해다오. 나는…… 파문당한 채로 미국으로 돌아갈 순 없어."

헐떡이는 압살롬의 숨소리는 언제 끊어져도 이상하지 않을 것처럼 위태로웠다. 펄의 눈에서 자신도 모르는 사이에 눈물이 쏟아지고 있었다.

"고작 그런 것 따위에 왜 그렇게 집착하시는 거예요? 평생을 종교에 헌신한 대가가 겨우 이런 거예요? 이러려고 샤오디를 그 꼴로 만드시고 저를 바다 건너편으로 내쫓으신 거예요?"

그 모습을 보며 장로들이 혀를 찼다.

"허어, 압살롬 목사가 자식 교육을 정말 잘못 시켰군. 어디 버르장머리 없게……."

"그러게 말입니다."

펄은 그 말에 벌떡 일어나 거칠게 눈물을 닦았다. 그리곤 빨갛게 충혈된 눈으로 장로들을 쏘아보았다.

"하면 되잖아! 하면 될 거 아니야? 그까짓 결혼, 해줄 테니까 이 집에서 썩 꺼져!"

"……."

잠시 서로의 눈치를 살피던 장로들은 서슬 퍼런 펄의 모습에 질린 듯 슬금슬금 방에서 나갔다. 그들이 떠나자 펄은 다시 눈물을 쏟으며 압살롬을 돌아보았다.

"이제 만족하세요? 아버지가 원하시던 대로 됐으니 만족하시냐고요?"

하지만 압살롬은 대답하지 못했다. 쇠약해진 몸에 연이어 닥쳐든 충격을 이기지 못한 그는 소망하던 대로 중국 땅에서 숨을 거두고 말았던 것이다. 펄의 마지막 질문에 대답이라도 하듯, 눈을 지그시 감은 그의 얼굴은 편안해 보였다.

펄은 무너지듯 압살롬의 옆에 털썩 주저앉았다.

"아버지……."

봇물이 터지듯 서러운 울음소리가 펄의 입에서 흘러나왔다.

한 달 후, 장로들의 주도하에 준비가 척척 진행되어 난징 중심부의 교회에서 펄과 존의 결혼식이 열렸다. 장로회의 장로와 목사들, 신도들은 물론이고 난징에 체류 중인 서양 각국의 고관들까지 한자리에 모인 성대한 행사였다.

"어머, 신부가 너무너무 예쁘다."

"영국 공주도 저 앞에선 한 수 접어줘야겠는걸."

웨딩드레스를 곱게 차려입은 채 식장 안으로 들어서는 펄을 향해 하객들이 소곤거렸다. 하지만 그런 겉모습과는 달리 펄의 마음속은 그 어느 때보다도 비참하고 슬프게 일그러져 있었다. 자신이 이렇게 원하지도 않는 결혼식을 올리게 될 거라곤 꿈에도 생각해본 적이 없었다. 하지만 이제는 엄연히 받아들여야 하는 현실이었다.

"신랑 입장!"

사회자가 외치자 검은 연미복 차림의 존이 바닥에 깔린 붉은 융단을 밟으며 단상을 향해 걸어갔다. 뒤편에 서 있는 펄을 흘낏 돌아보는 그의 눈빛은 여전히 무뚝뚝했지만 펄은 그 속에서 미안한 감정을 읽어낼 수 있었다.

이윽고 존이 단상 위에 도착하자 사회자가 펄을 바라보며 외쳤다.

"신부 입장!"

근처에 와 있던 린뱌오가 펄의 손을 붙잡고 바닥에 깔린 붉은 융단을 따라 걷기 시작했다. 원칙대로라면 신부의 아버지가 신부를 에스코트해야 했지만, 아버지 압살롬은 더 이상 이 세상 사람이 아니었다.

"뭐야? 중국인이잖아?"

"중국인 하인이 신부를 에스코트하다니, 별일도 다 있군."

하객들 사이에서 웅성거리는 소리가 퍼져 나갔지만 펄은 개의치 않았다. 다행히도 펄을 존과 결혼시킨다는 목적을 달성한 장로들은 펄이 요구한 조건들을 대부분 들어주었다. 린뱌오와 함께 입장하는 것 또한 그중 하나였다.

"아가씨……."

옆에서 손을 잡고 걷던 린뱌오가 풀 죽은 표정으로 속삭였다. 펄은 애써 린뱌오를 향해 미소를 지어보였다.

"걱정하지 마. 행복하게 잘 살 테니까."

단상 위에 도착한 펄은 존과 함께 주례를 맡은 목사를 바라보며 나란히 섰다. 목사가 성경을 낭독한 후 펄과 존을 위한 기도를 올렸다. 이윽고 목사가 존을 바라보며 물었다.

"신랑은 신부를 아내로 맞아 하나님의 뜻에 따라 평생 사랑하고 살 것을 맹세합니까?"

"맹세합니다."

다음으로 목사가 펄을 쳐다보았다.

"신부 또한 신랑을 남편으로 맞아 하나님의 뜻에 따라 평생 사랑하고 살 것을 맹세합니까?"

하지만 펄은 대답하지 않았다. 잔잔한 수면 위로 파문이 번지듯 하객들 사이에서 웅성거리는 소리가 퍼져나갔다. 높은 자리에 앉아 결혼식을 보고 있던 장로들의 얼굴에도 불편한 기색이 떠올랐다.

펄은 들려오는 소리들을 무시하고 고개를 돌려 존을 쳐다보았다. 만난 지 고작 한 달밖에 안 된 낯선 남자였지만, 이제 곧 자신의 남편이 될 남자이기도 했다.

아버지 압살롬을 닮은 무뚝뚝한 얼굴을 한동안 바라보던 펄은 목사를 보며 대답했다.

"맹세합니다."

무슨 일이 벌어지는 것 아닌가 잔뜩 긴장하고 있던 하객들의 입에서 안도의 한숨이 새어나왔다. 존이 남들에게는 들리지 않을 조그마한 소리로 펄의 귓가에다 속삭였다.

"쉽지 않은 선택을 해줘서 고마워요. 앞으로 반드시 행복하게 해주겠습니다."

펄은 대답하지 않은 채 고개만 끄덕였다. 그리곤 눈을 들어 하늘을 올려다보았다. 그녀의 속마음과는 달리 구름 한 점 없는 맑은 날씨였다. 왜인지 눈물을 왈칵 솟을 것 같은 느낌에 그녀는 면사포를 깊숙이 뒤집어썼다.

5월의 첫날, 펄 사이든스트리커는 그렇게 펄 벅이라는 새로운 이름을 가지게 되었다.

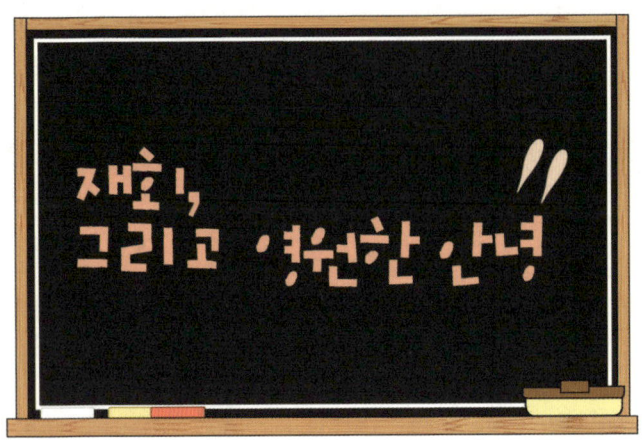

결혼식이 끝난 뒤, 펄과 존은 한동안 어머니 캐롤라인과 함께 저택에서 지내야만 했다. 하지만 그것도 잠시, 친정이 있는 미국으로 돌아가고 싶다는 캐롤라인의 뜻에 따라 그녀를 바다 건너편으로 떠나보낼 수밖에 없었다.

미국으로 떠나던 캐롤라인을 배웅하고 돌아온 날, 존이 말했다.

"장모님도 안 계시니 이 저택에 계속 있을 필요는 없을 것 같군. 난징대학 근처에 괜찮은 저택이 하나 있는데 그곳으로 이사하는 게 어떨까?"

펄은 샤오디와의 추억이 어린 이곳을 떠난다는 게 선뜻 내키지 않았다. 하지만 이미 자신은 존과 결혼한 사람, 자꾸 과거에 얽매여서는 안 된다는 생각에 마음을 굳게 먹었다.

"좋아요. 그곳으로 이사하도록 해요."

난징은 펄이 살던 마을과는 비교도 할 수 없는 대도시였다. 지붕이 뾰족하게 솟은 서양식 건물들이 눈에 보이지 않는 곳까지 빼곡하게 들어차 있었고, 그 사이로 난 도로 위를 자동차와 전차가 바삐 누비고 있었다. 거리를 지나는 사람들도 중국 전통의 복장보다는 서양식 드레스와 턱시도 차림인 경우가 많았다.

"공산당 놈들은 물러가라! 소련의 앞잡이 놈들에게 나라를 내줄 순 없다!"

"국민당이야말로 정권을 놓고 물러가라! 부정부패 척결하여 깨끗한 중국을 만들자!"

또한 거리 곳곳에서 공산당과 국민당 지지자들이 구호를 외치며 충돌을 빚는 광경도 예전에 살던 마을과는 다른 모습이었다. 그들은 각기 공산당의 상징인 오성홍기五星紅旗와 국민당의 상징인 청천백일기靑天白日旗를 휘날리며 상대방을 헐뜯고 비난하는 데에 여념이 없었.

주변에서 벌어지고 있는 소란을 보며 펄이 걱정스러운 얼굴로 말했다.

"저렇게 서로 싸우지 말고 평화롭게 의견을 모아서 해결하면 안 되는 걸까?"

"저 정도면 양호한 거예요. 베이징에서는 싸우다 죽은 사람만 부지기수래요."

린뱌오가 한숨을 쉬며 대답했다. 펄은 베이징이란 말에 문득 샤오디의 얼굴을 떠올렸다. 국민당에 들어갔으니 저런 싸움에 휘말려 있을 것이 분명했다. 걱정으로 한쪽 가슴이 아려왔다.

"왜 그래?"

"아무것도 아니에요. 빨리 가죠, 이러다가 해 지겠어요."

갑작스런 존의 물음에 펄은 황급히 고개를 저으며 얼버무렸다.

신혼집은 난징대학 근처의 아담한 저택이었다. 정원에는 커다란 상수리나무가 서 있고, 건물 한쪽 벽으로 담쟁이덩굴이 자라나 전원적인 분위기를 풍기고 있었다.

"너무 무리하지 말고 쉬고 있어. 짐은 나랑 린뱌오가 옮기면 되니까."

"무슨 소리예요? 일손이 부족하니 나라도 거들어야죠."

펄은 만류하는 존을 뿌리치고 마차에 실려 있는 가방들을 집 안으로 옮겼다. 간단한 짐들이 대부분이었지만 먼 길을 와서 그런지 유독 힘이 들었다.

존과 린뱌오가 무거운 짐들을 옮기는 동안, 펄은 잠시 쉬기 위해 정원의 상수리나무에 등을 기댔다. 다행히 강남의 악명 높은 여름 더위도 나무그늘 아래까지 침범해 오진 못했다.

"우욱!"

갑자기 펄의 입에서 헛구역질이 올라온 건 그때였다. 멀리서 짐을 옮기던 존과 린뱌오가 놀라서 뛰어왔다.

"왜 그래? 괜찮아?"

"괜찮아요. 잠깐 힘들어서…… 우읍!"

펄이 다시 한 번 헛구역질을 하며 바닥에 주저앉았다. 존이 걱정스러운 얼굴로 등을 두드렸다. 하지만 펄의 구역질은 좀처럼 멈출 줄을 몰랐다.

"아이고, 이런 답답한 사람들을 봤나. 그러다 애 떨어지겠어요."

뒤늦게 달려온 린뱌오가 혀를 차며 고개를 저었다. 그 말에 펄과 존의 눈이 휘둥그레졌다.

"애?"

"아기라고?"

두 사람은 어느새 서로의 얼굴을 쳐다보고 있었다.

"임신 2개월입니다. 축하합니다."

의사의 말을 듣고 난 후, 펄은 한동안 아무 생각도 할 수 없었다. 자신의 배 속에서 다른 생명이 자라나고 있다는 사실이 믿어지지 않았다.

병원에서 나오며 배에 손을 올려보니 기분 탓인지 꿈틀거리는 움직임이 느껴지는 것만 같았다. 존이 그런 펄을 향해 빙긋이 웃었다. 항상 무뚝뚝하게만 보였던 그의 얼굴이 오늘은 누구보다도 따스하고 정겹게 다가왔다. 지금 옆에 서 있는 존, 그리고 배 속의 아이가 함께해 준다면 과거의 수많은 아픔들로부터 벗어나 진정 새로운 삶을 시작할 수 있을 것 같은 기분이 들었다.

"내가 아기를 가졌다니…… 믿어지지가 않아요."

펄은 꿈꾸는 사람처럼 중얼거리며 존을 바라보았다. 존이 손을 뻗어 펄의 어깨를 부드럽게 감싸 안았다.

"그간 많은 일이 있었지만 앞으로는 다 잊고 행복하게 삽시다. 우리를 위해서, 그리고 배 속의 아기를 위해서라도."

"네."

펄은 미소를 지으며 존의 가슴에 머리를 기댔다. 마음속 샤오디와 리처드의 얼굴은 어느새 많이 흐려져 있었다. 이제야 이 땅에서 진정한 행복을 손에 넣은 느낌이었다.

"아아악!"

"아유, 조금만 더 힘내요! 조금만 더!"

펄은 온몸이 부서질 것만 같은 통증에 악을 썼다. 진통은 이른 아침부터 시작되어 늦은 밤까지 계속되었다. 린뱌오는 잠시 숨 돌릴 틈도 없이 뜨거운 물을 연방 퍼다 날랐고, 근처 마을에서 불러온 산파가 펄의 옆을 지키며 힘을 북돋아주었다.

하지만 집 안 어느 곳에도 존의 모습은 보이지 않았다. 중국의 농업 체계를 개혁하기 위해 부단히 노력 중이던 그는 강남지방의 농지들을 시찰하기 위해 벌써 몇 달째 집을 비우고 있었다.

"아아아악!"

펄의 입에서 단말마와도 같은 비명이 터져 나왔다.

"응애! 응애!"

여섯 시간의 혈투 끝에 마침내 저택 안에 커다란 아기 울음소리가 울려 퍼졌다. 펄은 몽롱한 의식 속에서 산파가 아기를 안고 있는 모습을 볼 수 있었다.

"예쁜 공주님이에요. 어쩜 이리 예쁠까?"

산파의 말처럼 아기는 천사처럼 예뻤다. 자신을 쏙 빼닮은 아기를 바라보는 펄의 눈에 눈물이 뿌옇게 번졌다. 아기를 임신한 후 겪어온 고생과 아픔이 한순간에 말끔히 날아가는 기분이었다.

"아가씨, 고생하셨습니다."

언제 들어왔는지 린뱌오가 눈물이 글썽한 얼굴로 펄을 내려다보고 있었다. 펄은 대답할 기운도 없어 희미한 미소를 지으며 고개만 끄덕였다.

하지만 지금 이 말을 린뱌오가 아닌 존이 해주었으면 얼마나 좋았을까 하는 생각이 그녀의 가슴속을 계속 맴돌았다. 펄은 하루빨리 존이 돌아와 이 아기를 보아주었으면 좋겠다는 생각을 하며 쉬기 위해 눈을 감았다.

출산이 끝나고 며칠 후, 존이 마침내 강남지방의 농지 시찰을 끝내고 난징으로 돌아왔다. 그가 떠나 있는 동안 난징에서는 국민당과 공산당 간의 대립이 한층 더 악화되어서, 이제는 길거리에서 총질이 난무하는 일도 부지기수였다.

타타타타타!

존이 마차를 타고 오는 동안에도 공산당과 국민당 지지자 간에 총격전이 벌어져 수많은 사람들이 피를 뿌리며 쓰러지고 있었다. 피범벅이 된 현장으로 급히 달려드는 경찰과 병사들을 보며 존은 묘한 불안감을 느꼈다.

'총격전 같은 극단적인 상황은 강북에 국한된 이야기인 줄 알았는데 어느새 이곳까지 번졌군. 난징은 국민당이나 공산당 양쪽 모두에게 포기할 수 없는 중요한 도시……. 조만간 큰 일이 벌어질지도 모르겠어.'

그런 생각을 하는 동안 마차가 저택 앞에 멈췄다. 존은 방금 전까지의 생각은 까맣게 잊은 채 황급히 마차에서 뛰어내려 대문을 열고 안으로 뛰어 들어갔다. 미리 전보를 받은 펄과 린뱌오가 정원 상수리나무 아래서 기다리고 있었다.

오랜 여행으로 피곤에 절어 있던 존의 얼굴은 펄에게 안겨 있는 아기를 보자마자 봄철 꽃처럼 활짝 피었다.

펄에게서 아기를 건네받아 안으며 존이 물었다.

"아이 이름은 뭐로 하지?"

잠시 생각하던 펄이 눈을 빛내며 말했다.

"캐롤, 여자아이니까 어머니 이름을 따서 캐롤이라고 짓겠어요."

존은 펄의 의견에 흔쾌히 고개를 끄덕였다. 그렇게 두 사람의 아이는 캐롤이라는 이름을 가지고 세상에 나오게 되었다.

존은 펄과 캐롤의 곁에 얼마 머무르지도 못한 채 다시 먼 지방으로 출장을 떠나야만 했다. 일의 특성상 중국의 농지를 빠짐없이 돌아봐야 하는 그는 한 번 집을 비우면 짧게는 한 달, 길게는 반년이 넘도록 돌아오지 않는 경우도 있었다.

존이 집에 없는 동안 집안 살림은 오로지 펄의 몫이었다. 불안한 국내사정 때문인지 난징대학은 존의 월급을 몇 달씩 밀려 지급하거나 아예 모른 척하는 달도 있었다. 이런 이유로 펄은 근처 고등학교에서 임시로나마 교편을 잡아야 했다.

답답하게 집에만 갇혀 있으니 펄은 차라리 학교에 나가는 쪽이 좋았다. 집 안에만 있다 보면 어릴 적 저택에 갇혀서 지냈던 좋지 않은 기억이 계속 떠올랐기 때문이었다.

"까꿍, 너는 절대 너희 어머니처럼 말괄량이로 자라면 안 된단다. 아저씨 말 잘 알겠지?"

"린뱌오! 가뜩이나 요즘 학생들이 말 안 들어서 죽을 맛인데 너까지 신경 긁을래? 애한테 대체 무슨 소리를 하는 거야?"

"아무 소리도 안 했는데요."

린뱌오의 능청에 펄은 피식 웃으며 고개를 저었다. 그리곤 캐롤의 이마에 살짝 입을 맞추었다.

"다녀올게, 캐롤. 나중에 아빠가 좀 한가해지면 베이징에도 가고 만리장성도 구경하러 가자. 물론 미국에도 가고. 넌 절대 나처럼 답답하게 갇혀 살게 하지 않을 거야."

린뱌오가 피식 웃으며 캐롤을 안아들었다.

"아이고, 아직 걸음도 못 뗐는데 욕심도 많으십니다. 어서 출근이나 하세요."

"흥, 이제 곧 걸을 거야."

하지만 펄의 말과는 달리 캐롤은 좀처럼 걸음을 떼지 못했다. 좀 늦는가보다 생각하며 느긋했던 펄도 계절이 몇 번이나 바뀌도록 캐롤이 걸음마를 시작하지 못하자 초조해졌다.

"린뱌오, 캐롤이 왜 자꾸 넘어지는 거지?"

"저도 잘 모르겠습니다, 아가씨. 저희 아이는 요맘때 망아지처럼 뛰어다녔는데……."

린뱌오의 말에 펄은 안절부절못하며 입술을 깨물었다. 문제는 걸음마뿐만이 아니었다. 캐롤은 지금껏 옹알이도 제대로 해본 적이 없었다. 결국 펄은 고민 끝에 존의 방문을 두드렸다.

"여보, 캐롤이 이상해요. 아무래도 병원에 데려가 봐야 할 것 같아요."

하지만 존은 탁자에 펼쳐놓은 농업 관련 서류에서 눈을 떼지 못하고 있었다. 펄의 말 따위는 신경 쓸 겨를도 없다는 듯한 태도였다. 요 몇 년 사이 존은 일에 미친 사람처럼 변해 있었다.

"캐롤이 이상하다고요! 지금 듣고 있는 거예요?"

펄이 소리를 지르고 나서야 비로소 존이 고개를 들었다.

"그래서 날 보고 어쩌라는 거야?"

"뭐, 뭐라고요? 당신 딸이 아프단 말이에요. 그런데 고작 한다는 말이 그거예요?"

존이 신경질적으로 탁자 위 서류를 가리켰다.

"작년 기억 안 나? 유례없는 가뭄으로 강남에서만 수십만 명에 달하는 사람들이 굶어 죽었어. 올해도 같은 사태가 벌어지는 걸 막으려면 잠자는 시간도 줄여가며 연구에 매달려야 한다는 걸 왜 몰라? 당신, 다른 사람의 고통은 안중에도 없이 자기 자신만 생각하는 그런 사람이었어?"

존의 말은 사실이었다. 부유하다는 이곳 난징에서도 흉년의 여파로 굶어 죽은 사람들이 생겼을 정도였다. 펄도 안타까웠다. 하지만 지금 펄에게 가장 중요한 문제는 중국도, 가뭄도 아니라 바로 캐롤이었다.

"캐롤은 내 딸이기도 하지만 당신 딸이기도 해요. 그런데……."

"그만! 미안하지만 지금 당신 응석을 받아줄 만한 여유가 없어. 애가 이상하다면 린뱌오와 함께 병원에 데리고 가보도록 해. 나는 이걸 마저 본 뒤에 내일 아침 일찍 지방으로 내려가야 해."

존은 내쫓듯 펄을 밖으로 떠밀었다. 그리고 펄의 코앞에서 문을 쾅, 소리가 나도록 닫아버렸다.

버려지듯 복도로 쫓겨난 펄은 믿을 수 없다는 표정으로 그 자리에 얼어붙었다. 조금 전 마주한 존은 어릴 적 선교에 모든 걸 바치고 아내와 딸을 겁박하던 압살롬과 똑같은 눈빛을 하고 있었다.

펄은 간신히 걸음을 옮겨 캐롤의 방 안에 들어갔다. 캐롤은 여전히 아무것에도 관심을 보이지 않은 채 멍한 표정으로 허공만 바라보고 있었다. 펄은 그런 캐롤을 볼 때마다 가슴이 찢어지는 듯한 기분이었다.

펄은 입술을 꾹 깨문 채 캐롤을 안아들었다. 그리곤 머리를 쓰다듬으며 결연한 목소리로 중얼거렸다.

"걱정하지 마, 아가야. 엄마가 고쳐줄게. 무슨 일이 있어도 널 낫게 해줄게."

"아무래도 선천적인 지적장애인 것 같군요. 지금으로선 고칠 방법이 없습니다."

하지만 의사의 진단은 펄이 가지고 있던 한 줄기 희망마저 산산이 부숴버렸다. 목숨이 위험할 정도는 아니지만 앞으로 평생토록 제대로 걷지도 못하고, 말하지도 못하며, 눈앞에 있는 게 누구인지 제대로 알아보지도 못하는 그런 사람으로 살게 될 거라는 이야기였다.

펄은 믿을 수 없다는 눈빛으로 의사를 보며 외쳤다.

"부탁이에요. 뭐라도 방법을 좀 알려주세요, 제발!"

"태어날 때부터 타고난 문제라 어떻게 해볼 도리가 없습니다. 약도 소용없고, 수술도 소용없어요. 아무리 노력해도 지금 이 상태를 유지하는 게 고작이란 말입니다."

"안 돼……, 안 돼요. 우리 캐롤만은 안 돼요……."

거대한 절망이 펄의 가슴을 짓눌러왔다. 그녀는 결국 버티지 못하고 바닥에 풀썩 주저앉고 말았다.

그런 펄의 마음을 아는지 모르는지, 펄의 품에 안긴 캐롤은 해맑게 웃고만 있었다. 넋 나간 사람처럼 퀭한 눈으로 캐롤을 쳐다보는 펄을 향해 린뱌오가 조심스럽게 말을 꺼냈다.

"아가씨, 겨우 이 정도로 포기하실 생각은 아니시겠죠? 분명히 무슨 방법이 있을 겁니다."

펄은 린뱌오의 말에 간신히 정신을 다잡으며 고개를 끄덕일 수 있었다. 그의 말마따나 이대로 포기할 수는 없는 노릇이었다.

그 후, 펄은 병원이 아니라 중국 전통의 민간 치료법을 수소문하기 시작했다. 중국의 역사만큼이나 길고 방대한 기간 동안 이어져온 치료법이니만큼 무언가 기발한 해결책이 있지 않을까 하는 생각에서였다.

"서양 의사도 못 고친 걸 우리보고 고치라고? 예끼! 말이 되는 소리를 하쇼."

"태어날 때부터 정신이 이상했다고? 글쎄, 천 년 묵은 산삼 한 뿌리 달여 먹이면 나을지도 모르지. 그걸 어디 가면 구할 수 있냐고? 글쎄, 나도 좀 알았으면 좋겠소이다."

"그런 것은 몸의 문제가 아니라 마음의 문제지요. 마음속에 못된 귀신이 들어앉아 있어서 그렇게 된 거요. 은자 백 냥만 내면 귀신을 쫓는 굿을 해줄 수도 있는데……. 어때요?"

하지만 그때마다 돌아오는 건 허무맹랑한 이야기들뿐이었다. 펄이 중국에서는 제대로 된 치료법을 찾을 수 없다는 결론을 내렸을 때, 캐롤은 어느새 네 살이란 나이가 되어 있었다. 겉보기엔 아무 문제없는 어여쁜 꼬마숙녀였지만, 여전히 제대로 걷지도, 말하지도 못하는 상태였다.

결국 펄은 다시 서양의학 쪽으로 시선을 돌렸다. 그녀는 지적장애와 관련된 서적을 모조리 탐독하고, 매달 미국과 영국에서 의사들을 대상으로 발행되는 의학 잡지를 닥치는 대로 사들였다. 그녀의 방은 지적장애에 대한 책과 자료로 발 디딜 틈도 없을 정도였다.

  펄은 깊은 절망감 속에서 허우적거리면서도 끝까지 치료법을 찾아내는 일을 멈추지 않았다.

  그러던 어느 날, 펄의 앞으로 새 잡지가 배달되었다. 무심한 눈으로 잡지를 뒤적이던 펄의 눈이 한순간 반짝였다. 잡지의 마지막 부분에 캐롤과 비슷한 아이들이 모여 있는 요양원에 대한 기사가 실려 있었던 것이다.

  말이 요양원이지 자급자족을 하는 공동체로서 자립심을 키울 수 있는 곳인 데다가 의사들이 상주하고 있어 위급한 상황에 대처할 능력도 가진 곳이었다. 더욱 중요한 것은 그곳에 있는 아이들이 점차 증상이 호전되는 기미를 보이고 있다는 내용이었다.

  하지만 펄은 고민에 빠졌다. 요양원이 미국의 시골마을이었기 때문이었다. 결국 펄은 심사숙고 끝에 마음을 정했다.

  "린뱌오, 난 미국으로 갈 거야."

  린뱌오는 펄의 말에 놀란 듯 눈을 휘둥그레 뜬 채 그녀를 바라보았다.

  "그럼 주인님은 어떻게 하실 건가요? 그분은 분명히 이 나라를 떠나지 않으실 텐데요."

  린뱌오의 말대로였다. 존은 날이 갈수록 더욱 열정적으로 중국의 농업개혁에 매달리고 있었다. 지금은 강남을 떠나 강북 어딘가를 헤매고 있을 터였다. 하지만 펄에게는 그를 기다릴 여유도, 더 이상 그를 인내할 애정도 남아 있지 않았다.

  "그 문제는 내가 알아서 할게."

펄은 여러 단계를 거친 끝에 존이 머물고 있는 베이징 근처의 한 대학으로 전화를 연결할 수 있었다.

"여보세요."

오랜만에 듣는 존의 목소리는 예전보다 한층 더 메마르고 까칠해진 느낌이었다. 벌써 일 년 가까이 얼굴을 보지 못한 탓인지 펄은 그가 어떻게 생겼는지조차 잘 기억나지 않을 정도였다.

"나예요, 펄이에요."

전화기 너머에서 잠시 침묵이 흘렀다. 이윽고 존이 말했다.

"무슨 일이야?"

"나와 캐롤은 미국으로 갈 거예요."

수화기 건너편에서는 아무 대답이 없었다. 침묵이 계속되자 펄은 더 기다리지 않고 하고 싶었던 말들을 쏟아냈다.

"그곳으로 가서 캐롤을 치료할 방법을 찾아볼 생각이에요. 더 이상 이곳에서 미적거리고 있을 수만은 없어요."

잠시 후, 존의 대답이 돌아왔다.

"알겠어. 당신이 원하는 대로 해."

펄은 왜인지 눈물이 핑 도는 느낌이었다. 캐롤을 데리고 미국으로 떠나겠다는 말이 무슨 의미인지 모를 리 없을 텐데, 존이 이토록 담담히 받아들이고 있다는 사실이 슬프고도 화가 났다. 그녀는 새어나오려는 울음을 애써 참으며 말했다.

"우리는……, 다시는 이곳으로 돌아오지 않을 거예요."

"마음대로 해."

그것이 존이 남긴 마지막 말이었다. 전화를 끊은 후, 펄은 그대로 바닥에 주저앉아 소리를 죽여 울기 시작했다. 옆에서 아무것도 모르는 캐롤이 멍한 눈으로 그녀를 바라보고 있었다.

다음 날, 아침이 밝자 펄은 언제 울었냐는 듯 바쁘게 움직이기 시작했다. 돈이 될 만한 것은 모조리 팔아서 처분했고, 짐가방에 들어가지 않는 커다랗고 화려한 옷들은 남김없이 버렸다. 이윽고 남은 돈을 주머니 두 개에 나눠 담은 펄은 그중 하나를 린뱌오와 그의 아내에게 건넸다.

"난 미국으로 갈 거고, 존도 이곳으론 돌아오지 않을 거야. 너희도 이제 고향으로 내려가."

펄의 말에 린뱌오와 그의 아내는 눈물을 흘리기 시작했다. 펄도 새어나오는 울음을 참을 수가 없었다. 린뱌오는 그녀에게 단순한 하인이 아니었다. 가장 가까운 친구이자 힘들 때 기댈 수 있는 오빠였고, 추억을 함께 나눈 단짝이기도 했다.

"건강하십시오, 아가씨. 어디에서든 행복하시길 빌겠습니다."

"그동안 정말 고마웠어."

커다란 짐을 등에 멘 린뱌오는 여느 때와 달리 공손하게 머리를 숙였다. 펄 역시 맞절을 하듯 깊이 고개를 숙여 린뱌오에게 작별인사를 했다.

린뱌오와 그의 아내가 떠나자 저택은 텅 빈 느낌이었다. 펄은 서둘러 캐롤을 안아들고 미국 공관이 위치한 시내로 향했다. 미국으로 떠나는 데 필요한 여권을 받기 위해서였다.

"공산당 놈들이 도망간다, 쫓아라!"

"한 명도 놓쳐선 안 돼!"

국민당원들이 수세에 몰린 공산당원들을 쫓으며 여기저기서 난동을 부리고 있어서 시내의 분위기는 흉흉하기 짝이 없었다. 골목 어딘가에서 비명소리가 들려왔고, 길바닥 곳곳에 핏자국이 선명했다. 사람들이 모두 문을 걸어 잠근 탓에 거리는 대낮인데도 을씨년스러웠다.

 캐롤을 안은 펄은 정신없이 걸음을 옮겼다. 그녀는 공관의 울타리 안으로 들어선 후에야 긴장을 풀고 한숨을 길게 내쉴 수 있었다.

 공관 안은 이미 도시를 떠나려는 서양인들로 장사진을 이루고 있었다. 그들도 국민당과 공산당 간의 싸움으로 어지러워진 도시가 겁나는 모양이었다. 한참을 기다린 끝에 펄은 공관 직원과 마주할 수 있었다.

 "이름은?"

 며칠간 잠도 제대로 이루지 못한 듯, 공관 직원이 까끌까끌한 목소리로 물었다.

 "펄 벅이에요. 이 아이는 제 딸 캐롤입니다."

 "행선지는요?"

 "미국으로 돌아갈 거예요. 저랑 딸 모두."

 잠시 서류를 뒤지던 직원이 펄을 쳐다보았다.

 "주소지가 여기로 되어 있는데, 다시 돌아오실 건가요?"

 "아뇨, 다시는 돌아오지 않을 거예요."

 펄은 한 치 망설임도 없이 대답했다. 직원은 펄과 캐롤을 힐끔 쳐다보더니 두말하지 않고 서류에 커다란 도장을 쿵, 눌러 찍었다. 이것으로 중국과의 인연이 끊어진다고 생각하니 펄의 가슴속에 묘한 아쉬움이 번졌다.

 콰아앙!

그 순간, 폭발음과 함께 공관 건물이 사방으로 진동하며 흔들렸다. 놀란 사람들이 재빨리 바닥에 엎드렸고, 펄도 캐롤을 황급히 품에 당겨 안았다.

잠시 후, 뽀얀 먼지를 뒤집어쓴 남자 하나가 공관 안으로 뛰어 들어왔다. 그리고는 거친 숨을 토해내며 말했다.

"국민당 군대예요. 국민당 군대가 대포를 쏘고 있어요!"

"국민당 군대가?"

남자의 말에 펄은 자기도 모르게 눈을 부릅떴다. 다른 사람들도 놀란 기색이 역력했다.

"국민당 군대가 대체 왜?"

"나도 모르죠. 여기뿐만 아니라 영국, 프랑스, 독일 공관까지 전부 공격받고 있어요."

"거짓말! 공관은 국제법상 모든 물리적 공격에서……."

"정 의심이 나면 밖으로 직접 나가봐요!"

남자가 답답하다는 듯 소리를 지르자 모두가 입을 다물었다. 주변이 조용해진 사이 다시 한 번 천지를 울리는 듯한 포성이 들려왔다. 포탄이 건물 어딘가에 맞았는지 공관이 재차 흔들리며 천장에서 파편이 우수수 떨어져 내렸다.

"꺄아악!"

"으악! 무, 무너진다!"

바닥에 납작 엎드린 사람들의 입에서 다급한 비명소리가 터져 나왔다. 불안감을 느낀 것인지 캐롤도 펄의 품에서 버둥거리며 울먹이기 시작했다. 공관 바깥에서 성난 군중들의 고함소리가 가까이 다가오고 있었다.

"서양인들을 다 죽여라!"

"코쟁이들도 공산당 녀석들과 한 패야! 중국 땅에서 몰아내야 해!"

펄은 다급히 공관 직원에게 물었다.

"이제 어쩌죠?"

"그, 그걸 왜 나한테 물어요? 아아! 우린 다 죽었어."

직원은 공황에 빠진 듯 머리를 감싸 쥔 채 몸을 웅크렸다. 펄이 입술을 질끈 깨물며 그의 멱살을 틀어쥐었다.

"잘 생각해 봐요!"

"몰라……, 난 어제 발령받았단 말이야!"

무기력한 직원을 바라보는 펄의 얼굴이 파르르 떨렸다. 자신은 몰라도 절대 캐롤을 이런 곳에서 죽게 만들 수는 없었다. 펄은 손을 들어 있는 힘껏 직원의 뺨을 때렸다.

찰싹!

"어억!"

직원이 뺨을 감싸 쥐며 비명을 질렀다. 갑작스러운 펄의 행동에 공관 안이 쥐 죽은 듯 조용해졌다. 펄이 날카로운 눈초리로 직원을 쏘아보며 말했다.

"당신은 지금 미국 정부를 대신하고 있는 거예요. 당신이 당황하면 여기 있는 사람들 모두 죽게 돼요. 다시 한 번 잘 생각해 봐요. 어디로 가야 안전하죠?"

직원은 그제야 정신이 돌아온 듯 눈을 깜빡였다. 그리고는 벌떡 일어나 바닥에 흩어진 서류들을 정신없이 뒤졌다.

"여기 어디 있을 텐데……. 분명히 여기에…… 아!"

미친 사람처럼 종이를 뒤적이던 그가 마침내 서류 한 장을 움켜쥐며 환호성을 질렀다.

"있다! 찾았다!"

"그게 뭔데요?"

펄이 물었다. 사람들도 궁금한 듯 직원을 바라보았다. 그가 소리쳤다.

"항구에 미국 군함들이 들어와 있어요. 주둔지로 가는 도중에 난징에 들렀단 말입니다."

그의 말에 사람들이 환호성을 질렀다.

"군함이 들어와 있다고? 그게 정말이야?"

"뒤도 돌아보지 말고 항구까지 달려야겠군!"

"우리 모두 한꺼번에 나가요."

펄은 캐롤을 바싹 안아들며 일어났다. 그리고 나직이 속삭였다.

"캐롤, 이제 엄마가 막 뛰어갈 거야. 다른 아저씨들이랑 술래잡기를 할 거거든. 그러니까 아무리 흔들려도 엄마를 꽉 잡고 절대 떨어지면 안 돼. 알았지?"

캐롤은 마치 펄의 말을 알아들은 듯 울음을 그치고 헤벌쭉 웃으며 고개를 끄덕였다.

"자, 그럼 나갑시다!"

누군가가 외치며 문을 활짝 열었다. 캐롤을 안아든 펄은 사람들 사이에 섞여 거리로 뛰어나왔다.

거리는 어느새 자욱한 포연으로 가득 차 있었다. 거리로 뛰어나온 사람들은 옷과 손수건으로 코와 입을 틀어막은 채 메케한 연기를 뚫

고 항구 쪽으로 달리기 시작했다.

"저기 양키쳬들이 간다!"

"공산당을 제일 적극적으로 지원해온 미국인들이야!"

"모두 잡아 죽여!"

등 뒤에서 성난 아우성이 들려왔다. 그 사이로 콩을 볶는 듯한 요란한 총성이 섞여들었다.

"크헉!"

"꺄아악!"

총알이 날아들자 함께 부두까지 가자던 사람들은 비명을 지르며 사방으로 흩어졌다. 펄도 귓가에 화끈한 통증이 일자 가장 먼저 눈에 띄는 골목으로 뛰어들었다. 총알이 스치고 지나간 그녀의 귓불에서 새빨간 피가 뚝뚝 떨어지고 있었다.

"어, 어마아……."

펄의 뺨을 타고 흐르는 핏물을 보며 캐롤이 울먹였다. 펄은 애써 미소를 지으며 말했다.

"캐롤, 울지 마! 엄마는 하나도 안 아파. 이건 그냥 물감이야. 물감 알지? 전에 린뱌오 아저씨하고 물감놀이 같이 했었잖아."

그제야 캐롤은 울음을 그치며 고개를 끄덕였다. 펄이 다시 속삭였다.

"이제 조금만 더 가면 우리가 이기는 거야. 이겨야 되겠지? 그렇지?"

캐롤이 대답대신 펄의 목을 힘껏 껴안았다. 펄은 힘겨운 몸을 일으켰다. 그리곤 골목에서 골목으로 정신없이 내달렸다.

얼마쯤 달렸을까, 멀리서 힘찬 뱃고동 소리가 들려왔다. 허파가 터질 듯 숨이 찼지만 펄은 더욱 속도를 내 길모퉁이를 돌았다. 저 멀리 항구에 바리케이드를 치고 있는 미국 군인들과 함포를 조준하고 있는 웅장한 군함의 모습이 눈에 들어왔다.

"캐롤! 이제 다 왔어. 이제 다……, 꺄악!"

그러나 다음 순간, 한 남자가 옆쪽 골목에서 뛰쳐나오며 펄의 앞을 가로막았다. 장교 계급장이 달린 전투모와 깃을 높게 세운 황토색 군복을 입고, 무릎까지 오는 군화를 신은 그 남자의 어깨에는 국민당의 상징인 청천백일기가 그려져 있었다. 국민당 장교였다.

이윽고 장교의 뒤편에서 두 명의 국민당 병사가 모습을 드러냈다. 다들 바위처럼 딱딱하고 차가운 표정을 짓고 있었다. 펄은 절망한 눈빛으로 그들을 바라보다 자리에 털썩 주저앉고 말았다. 그리곤 캐롤을 안고 있는 팔에 힘을 넣으며 애원하기 시작했다.

"제발…… 제발 그냥 보내주세요. 우리 딸이 많이 아파요. 꼭 미국으로 가야 한다고요!"

하지만 장교는 여전히 소름 끼치도록 건조하고 냉정한 눈빛으로 펄을 노려보고 있었다.

"그건 네 사정이지. 서양 놈들은 중국인들을 장난감처럼 대한 대가를 치러야 해."

그리곤 천천히 고개를 저으며 허리에 찬 권총에 손을 가져갔다. 펄은 그가 권총을 뽑고, 그 권총으로 자신과 캐롤을 겨누는 것을 바라보고 있을 수밖에 없었다.

"어엇?"

그때 갑자기 장교의 입에서 놀란 듯한 외침이 터져 나왔다. 펄은 눈을 들어 장교의 얼굴을 쳐다보았다. 까무잡잡한 피부와 관자놀이부터

뺨까지 그어져 있는 선명한 흉터.

"샤, 샤오디?"

분명히 샤오디였다. 십여 년이 넘는 세월이 흘렀지만 확실히 알 수 있었다. 장교 또한 믿을 수 없다는 눈으로 펄을 바라보며 무릎을 털썩 꿇었다. 펄은 눈물이 가득 고인 눈으로 장교를 마주 보았다.

"샤오디 맞지? 샤오디지?"

샤오디가 고개를 끄덕이며 더듬거리는 목소리로 말했다.

"펄……, 너 정말 펄이니?"

"샤오디!"

다음 순간, 펄은 캐롤과 함께 샤오디의 품에 덥석 안겼다. 긴 세월을 뛰어넘어 마침내 도달한 사랑하는 사람의 품 안은 세상 그 무엇보다도 따스했다.

하지만 행복한 순간은 길게 이어지지 못했다. 한참 동안 펄을 부둥켜안고 있던 샤오디가 가까스로 몸을 떼어내며 말했다.

"이러고 있을 시간이 없어. 우리 군대는 지금 난징 시내의 외국인과 공산당을 전부 죽이러 들어온 거야. 지금 당장 항구를 통해서 이 도시를 빠져나가도록 해."

펄은 눈물이 그득한 얼굴로 샤오디를 향해 물었다.

"왜? 어째서 그런 짓을 하는 건데?"

"자세한 건 나도 몰라. 한 가지 분명한 건 여기 계속 있으면 너나 네 딸은 목숨을 보전할 수 없다는 거야. 자, 어서 가!"

샤오디가 펄과 캐롤을 일으키며 등을 떠밀었다. 하지만 두 사람은 그 자리를 떠날 수 없었다. 병사들이 어느새 총을 들어 펄과 캐롤, 샤오디 세 사람을 나란히 겨누고 있었기 때문이었다.

샤오디가 병사들을 노려보며 싸늘한 목소리로 물었다.

"이게 무슨 짓이냐?"

병사들의 눈빛 또한 샤오디만큼이나 날카로웠다. 그들 중 한 명이 실망했다는 듯 고개를 저으며 대답했다.

"대위님이 서양인과 알고 지내는 분이셨을 줄이야……. 일단 저 서양인들을 이 자리에서 죽이고, 죄송하지만 대위님은 군법회의에 회부되셔야겠습니다."

자신을 향해 말하는 병사를 쳐다보며 샤오디가 이를 갈았다.

"이 서양인만은 그냥 보내줘라. 군법회의에는 내 발로 알아서 걸어가겠다."

"말도 안 되는 소리! 쏴라!"

하지만 병사들이 방아쇠를 당기는 것보다 샤오디가 허리띠에서 권총을 뽑는 것이 더 빨랐다. 총구에서 불꽃과 함께 벼락같은 굉음이 뿜어 나왔다.

타앙! 타앙! 타앙!

눈을 질끈 감았던 펄이 다시 눈을 떴을 땐, 샤오디만이 멀쩡히 서 있었다. 샤오디는 숨 돌릴 새도 없이 펄과 캐롤의 등을 떠밀기 시작했다.

"자, 어서 항구로 가. 이곳은 위험해."

"샤오디……, 샤오디도 같이 가면 안 돼?"

눈물 섞인 펄의 물음에 샤오디는 씁쓸히 웃으며 고개를 저었다.

"이대로 도망쳐버리면 우리 가족은 국민당에게 배신자의 가족으로 찍혀서 고초를 겪게 돼. 그럴 순 없어, 미안해."

뒤이어 샤오디의 손가락이 펄의 품에 안겨 있는 캐롤을 가리켰다.

"너에겐 지켜줘야 할 사람도 있잖아. 그러니 어서 가."

펄의 눈길이 아무것도 모른 채 자신을 바라보고 있는 캐롤에게로 향했다. 그녀는 결국 눈물을 삼키며 샤오디로부터 한 발 두 발 뒷걸음질 치기 시작했다.

"샤오디, 미안해……!"

그 말을 끝으로 펄은 등을 돌려 항구를 향해 달리기 시작했다. 참았다고 생각했던 눈물이 다시 왈칵 터지며 허공에 흩날렸지만 펄은 달리는 걸 멈추지 않았다.

샤오디는 멀어져가는 펄의 뒷모습을 보며 조그맣게 중얼거렸다.

"행복해야 돼, 펄. 만나게 돼서 기뻤어."

그 말을 끝으로 샤오디는 바닥에 풀썩 쓰러졌다. 방금 전, 병사가 쏜 총알에 관통당한 복부에서 피가 흘러나오고 있었다. 도저히 살아남을 수 없는 상처였다.

의식이 가물가물 흐려지는 것을 느끼며 샤오디는 천천히 눈을 감았다. 하지만 그 얼굴만은 차갑게 식어가면서도 희미한 미소를 띠고 있었다.

세계의 수도라고도 불리는 거대한 도시 뉴욕은 밤에도 잠들 줄을 몰랐다. 우중충한 겨울 하늘을 꿰뚫을 듯 오만하게 솟아오른 빌딩들이 대낮처럼 환하게 불을 밝히고 있는 광경은, 보지 않은 사람들로선 상상도 할 수 없는 경이로움을 담고 있었다.

뉴욕 최고의 출판사, 한때 재정위기에 봉착하기도 했지만 해리슨 가문에 힘입어 다시 미국 굴지의 거대 출판사로 거듭난 제이데이 출판사의 빌딩에도 여전히 불이 밝혀져 있었다. 전 사장이 세상을 떠나고, 그 아들인 리처드 월시에게 경영권이 넘어간 이후, 제이데이 출판사는 이전보다 더욱 활기차고 공격적인 움직임으로 미국 출판계를 석권해나가고 있었다.

리처드는 엘리베이터를 타고 빌딩 최고층에 위치한 자신의 사무실에 들어섰다. 사무실 안에는 반갑지 않은 사람이 앉아 있었다.

"이 시간에 사무실에는 웬일이야?"

"왜? 내 돈으로 산 빌딩인데, 좀 오면 안 돼?"

제인이 술에 취한 듯 벌게진 얼굴로 키득거렸다. 그녀의 화려한 드레스는 옷매무새가 많이 흐트러져 있었다. 리처드는 이젠 특별할 것도 없는 제인의 그런 모습에 조그맣게 한숨을 쉬었다.

"당신네 가문에서 받았던 돈은 이미 한 푼도 남김없이 갚았어. 알고 있을 텐데?"

"알아."

"내가 이혼서류를 보낸 것도?"

"물론 그것도 알아."

제인은 비틀거리는 걸음으로 리처드의 코앞까지 다가왔다. 그녀의 허무한 눈동자가 리처드의 얼굴을 한 차례 훑고 지나갔다. 립스틱을 짙게 칠한 입술이 비틀리며 킥, 하고 웃음을 터뜨렸다.

"이렇게 보면 당신도 참 잘생겼는데 왜 난 당신이 싫은 걸까?"

리처드가 딱딱한 목소리로 대답했다.

"애초에 당신은 날 원한 적이 없었으니까. 당신이 나와 결혼한 건 오로지 펄에 대한 질투 때문이었잖아. 이미 펄이 중국으로 떠난 시점부터 당신은 내가 필요하지 않았어."

"당신은? 날 조금도 좋아하지 않았어?"

은근한 목소리로 물어오는 제인을 향해 리처드가 어깨를 으쓱였다.

"내가 처음부터 당신을 싫어했다는 건 잘 알잖아. 오히려 지금은 증오할 정도지."

제인은 마치 유쾌한 농담이라도 들은 듯 깔깔거리며 웃었다.

"당신은 정말 솔직해서 좋단 말이야."

제인은 고개를 끄덕이며 리처드를 스쳐 지나갔다. 그리고 문밖을 나서기 직전 문득 생각난 듯 돌아서며 말했다.

"아 참, 오늘 당신 생일이더라? 축하해. 선물은 책상 위에 있어. 아마도 당신이 지금껏 받은 것 중에서 최고의 선물일걸?"

제인이 나가고 난 후, 혼자가 된 리처드는 긴 한숨을 내쉬며 무너지듯 의자에 앉았다. 책상 위에는 변호사 사무실의 상호가 인쇄된 서류봉투가 놓여 있었다. 내용물을 꺼내든 리처드는 피식 웃음을 짓고 말았다.

"과연, 이 정도면 최고라고 부를 만하지."

리처드는 봉투에서 꺼내든 이혼서류에 사인을 하고는 구석으로 집어던졌다. 등이 뻐근해지는 걸 느끼며 기지개를 켜던 그의 눈에 사무실 한구석에 수북이 쌓인 원고 더미가 보였다. 편집자들이 1차로 검토를 끝내고 결재를 위해 올린 원고들이었다.

"제 시간에 잠들긴 틀린 것 같으니 어디 구경이나 해 볼까?"

평소대로라면 사인만 하고 내려보내겠지만 오늘은 다른 생각이 들었다. 리처드는 넥타이를 풀며 원고 몇 뭉치를 집어 들었다. 대부분은 그저 그런 연애소설이었지만 마지막 원고는 조금 달랐다.

"「동풍 서풍」? 제목 한 번 특이하군. 근데 배경이 중국이라…… 잠깐, 중국?!"

건성으로 원고를 넘겨보던 리처드가 튕기듯 자리에서 일어섰다. 그리고 떨리는 손으로 다시 원고를 처음부터 한 장 한 장 넘기기 시작했다.

마침내 그가 마지막 장을 넘겼을 때는 창밖에서 뿌옇게 먼동이 터 오고 있었다. 마지막 장 끝줄에 적힌 작가의 이름이 리처드의 눈에 선명하게 들어왔다.

- 펄 S. 벅 -

리처드는 뻑뻑해진 눈가를 문지르며 빙긋이 웃었다.

"이제야 돌아왔군, 펄."

국민당이 대대적으로 군대를 동원해 난징을 공격했던 그날의 사건은 '난징대학살'이란 이름으로 역사에 남게 되었다. 중국에 체류하며 현지인들의 이익을 강탈하는 외국인들에 대한 불만, 강압적인 선교활동에 대한 반감 등이 공산당을 몰아붙이려던 국민당의 속셈과 맞아떨어지며 결국 폭발하고 말았던 것이다. 이후 국민당은 참사의 원인을 공산당에게 돌리며 중국 전역에서 대대적인 공격과 탄압을 시작했다. 오랫동안 계속될 국민당과 공산당 사이의 전쟁, 일명 국공내전國共內戰의 시작이었다. 다시 한 번 중국 대륙은 역사의 소용돌이 속으로 거칠게 휘말려 들어가고 있었다.

한편 샤오디와 마지막으로 만났던 그날, 펄은 캐롤과 함께 미국 정부에서 마련한 배편에 몸을 싣고 일본으로 피신했다. 몇 달 동안 일본에서 지내며 펄은 계속 갈등에 시달렸다. 캐롤을 위한다면 예정대로 미국으로 가야만 했다. 하지만 펄은 차마 중국을 버릴 수가 없었다. 중국은 그녀의 모든 추억이 시작되는 땅이었으며, 아버지에 대한 애증이 묻힌 곳, 그리고 두 번이나 자신을 위해 모든 것을 던진 샤오디가 잠든 땅이었다.

길고 긴 고민 끝에 펄은 캐롤 앞에 꿇어앉았다.

"캐롤, 엄마는 도저히 떠날 수 없어. 엄마는 중국에 대한 이야기를,

샤오디와 나의 이야기를 써야만 해. 그러니까……, 이기적이고 못된 엄마를 네가 한 번만 이해해주면 안 되겠니?"

캐롤은 그 물음에 대답하지 않았다. 대신 천사 같은 미소를 얼굴에 띤 채 펄에게 입을 맞췄다.

다시 돌아온 난징은 폐허와도 같은 모습으로 변모해 있었다. 모든 것이 파괴된 그곳에선 서양인과 중국인이 따로 없었다. 펄의 이웃들은 옛날 린뱌오가 그랬던 것처럼 캐롤을 성심성의껏 돌봐주었다.

펄은 낮에는 시장에서 야채를 팔아 생활비를 마련하고, 밤에는 캐롤을 재운 후 희미한 등불 아래서 글을 썼다.

마침내 원고 마지막 장에 마침표를 찍은 것은 어느 가을날 밤의 일이었다. 태어나서 처음으로 완성한 자신만의 글이었다. 「동풍 서풍」이라고 제목을 붙인 원고 뒷면에 이름을 적어 넣으며, 펄은 갓 태어난 캐롤을 처음으로 품에 안았을 때 만큼이나 뿌듯한 기분을 느꼈다.

그렇게 「동풍 서풍」이 완성되고 나자, 또 다른 욕구가 펄을 자극하기 시작했다.

'이 글을 다른 사람들에게 보여주고 싶어. 이 나라에서 어떤 일들이 있었는지, 또 어떤 사람들이 살아가고 있는지 미국에 있는 사람들에게도 알려주고 싶어.'

펄은 곧장 미국의 출판사 이곳저곳에 「동풍 서풍」을 투고했다. 펄은 더 이상 기억하고 있지 못했지만, 그중에는 제이데이 출판사도 끼어 있었다.

하지만 출판사들로부터 기대했던 답변은 오지 않았다. 펄은 아쉬워하면서도 속으로 당연한 일이라고 생각했다. 그 어떤 출판사가 미국과 동떨어진 중국의 이야기를 선뜻 책으로 내고 싶어 하겠는가. 오래전, 자신의 글에 완전히 반했던 리처드 같은 출판업자가 나타나주지 않는 이상은 불가능한 일이었다.

'그래, 너무 큰 욕심을 가지지 말자. 원고를 완성한 것만으로도 나는 대단한 일을 한 거야. 이번 글이 안 된다면 새로운 글을 또 써서 투고하면 돼.'

펄은 마음을 다잡으며 다시 시장으로 나섰다. 어느새 계절은 겨울로 접어들어 한낮에도 손이 곱아들고 뼛속까지 시려왔지만 펄은 끈질기게 중국이란 세계에 섞여들어 자신의 삶을 개척했다. 그러는 와중에 새로운 원고의 구상도 끝나가고 있었다.

「대지」라고 이름 붙인 새 원고는 왕룽이란 이름을 가진 중국인 사내의 인생에 관한 이야기였다. 펄은 왕룽의 자식들에 대해 구상하며 자신이 지금껏 보아온 사람들의 모습을 떠올렸다. 듬직한 큰아들에게선 샤오디를, 재빠르고 재치 넘치는 둘째 아들에게선 린뱌오를, 그리고 태어날 때부터 백치였지만 마음만은 순백 같은 딸에게선 캐롤의 모습을 떠올렸다.

잠잘 시간까지 줄여가며 글을 쓰면서도 펄은 졸음조차 느끼지 못할 정도로 몰두했다. 「동풍 서풍」처럼 「대지」 또한 출판사의 선택을 받지 못하게 된다 해도 상관없었다. 이 글을 완성하는 것이야말로 그녀에겐 자신의 인생을 완성하는 일이나 마찬가지였다.

그렇게 길고 매섭던 겨울이 끝나갈 무렵, 펄은 비로소 「대지」를 완성했다.

오랜만에 모습을 드러낸 햇빛이 꽁꽁 얼어붙었던 난징 시내를 환히 비추고 있었다. 펄은 한 손에는 원고가 든 봉투를, 다른 한 손으론 캐롤의 손을 꼭 붙잡은 채 시내의 우체국으로 향했다. 가는 길은 눈 녹은 물로 흥건해서 이리저리 발을 피하며 걸어야만 했지만 기분만은 가벼웠다.

"어머나, 펄! 오랜만이네요."

우체국 건물로 들어서자마자 중국인 여직원이 아는 체를 했다. 펄은 빙긋 웃으며 원고 봉투를 여직원에게 내밀었다.

"바다 건너로 보낼 거야. 단단히 포장해줘, 알겠지?"

"아니, 보낼 필요 없어요."

누군가가 그렇게 말하며 펄과 여직원 사이에서 봉투를 낚아챘다. 펄은 잠시 멍하게 서 있다가 눈을 부릅뜨며 봉투를 빼앗아간 사람을 쳐다보았다.

"당신 뭐야?"

서슬 퍼런 표정으로 말하던 펄은 순간 얼어붙고 말았다. 뿌옇게 흐려진 유리창을 통해 쏟아지는 햇살 속에서 리처드가 서 있었다. 단정하게 다듬은 금발머리에 몸에 딱 맞는 슈트와 모자, 그리고 반짝이는 구두까지 그는 여전히 멋진 신사의 모습이었다. 달라진 점이라면 푸른 눈동자 밑에 얕게 패인 잔주름 정도였다.

"이봐요, 펄. 이런 곳에 꼭꼭 숨어 있으면 대체 나보고 어떻게 찾으라는 거예요? 정말 못 말리는 왈가닥이라니까."

리처드가 고개를 절레절레 흔들며 말했다. 하지만 펄은 얼이 빠진 듯한 표정으로 리처드를 바라보며 눈만 멍하니 깜빡이고 있었다.

"리, 리처드……? 어떻게……."

간신히 더듬거리며 입을 연 펄을 향해 리처드가 더욱 환하게 웃었다. 그제야 펄은 눈을 반짝이며 그에게 뛰어들었다. 캐롤도 엄마와 함께 리처드의 품에 안겨왔다. 리처드가 두 팔 가득 펄과 캐롤을 안아 들며 한숨처럼 중얼거렸다.

"이제 두 번 다시 헤어지지 말아요, 우리."

펄은 눈가에 고인 눈물을 훔쳐내며 고개를 끄덕였다. 그들의 머리 위로 유리창을 통해 들어온 햇살이 한없이 쏟아지고 있었다.

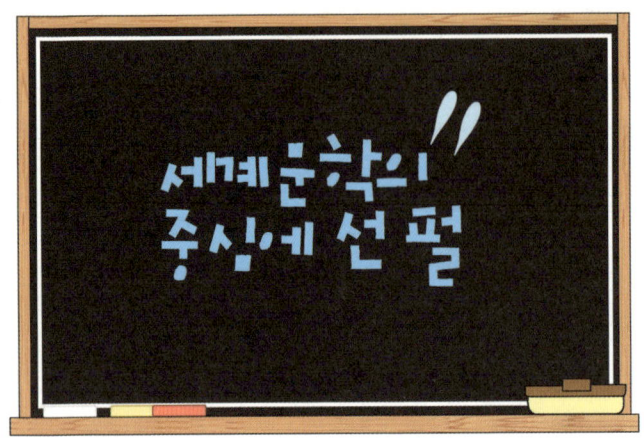

　1938년 11월, 스웨덴의 노벨문학상 수상위원회는 고민에 빠져 있었다. 올해의 노벨문학상을 과연 어떤 작가에게 수여할 것인가에 대한 고민이었다.

　후보 명단에 오른 작가들을 두고 심사위원들 간에 열띤 토론이 벌어졌다. 어느 작가가 노벨문학상의 정신인 문학의 발전과 보급에 가장 큰 기여를 했는가에 대해 한바탕 격론이 오갔다.

　마침내 11월 11일, 세계의 눈이 노벨상 발표회장인 스톡홀름으로 모였다. 사람들의 관심사는 노벨문학상이 과연 누구에게 돌아갔는지에 집중됐다. 단상에 오른 발표자가 마이크를 붙잡으며 가볍게 헛기침을 했다.

　"올해 노벨문학상은 그 어느 때보다도 수상자를 결정하기 힘들었습니다. 전 세계의 수많은 작가들이 문학의 발전과 보급을 위해 힘써주었고, 그중에서도 가장 큰 역할을 맡았다고 생각되는 작가를 수상자

로 결정하였습니다."

발표자가 손에 든 봉투 안에서 수상자가 적혀 있는 종이를 꺼내들었다.

"우리 노벨문학상 위원회는…… 미국의 여류작가, 펄 벅을 올해의 노벨문학상 수상자로 선정하는 바입니다!"

펄 벅, 노벨문학상 수상!

미국 전역은 전에 없던 여류작가의 노벨문학상 수상으로 크게 들썩였다. 이미 스웨덴의 셀마 라겔뢰프, 이탈리아의 그라치아 델레다 등 여류작가가 노벨문학상을 수상한 바 있었지만, 미국 내에서 여자가 노벨문학상을 수상한 것은 이번이 처음이기 때문이었다.

"「동풍 서풍」, 「대지」 등 중국을 배경으로 한 작품이 사람들에게 큰 영향을 끼친 것이 이번 노벨상 수상의 주된 이유로 꼽히고 있는데 어떻게 생각하십니까?"

"젊은 시절을 중국에서 보낸 것이 소설을 쓰는 데 어떤 도움이 됐는지 말씀해주실 수 있나요?"

리처드와 결혼식을 올린 후, 필라델피아 교외의 그린힐즈 농장에서 한적한 삶을 보내던 펄은 어느새 사람들의 관심을 한 몸에 받게 되었다. 하루가 멀다고 기자들의 취재 공세가 이어졌고 문화계 인사들의 방문 행렬이 긴 줄을 만들었다.

쏟아지는 사람들의 질문에 대한 펄의 대답은 항상 같았다.

"그냥 제가 사랑하는 것들에 대해서 썼고, 운 좋게 사람들의 공감을 얻은 거예요. 그뿐입니다."

펄의 노벨문학상 수상 이후, 「대지」의 판매량은 이전보다 더욱 높아졌다. 미국 전역의 서점에서 책을 구하지 못해 소란이 벌어질 정도였다. 리처드를 비롯한 제이데이 출판사의 직원들은 들어오는 주문을 맞추느라 잠잘 틈도 없었다.

「대지」의 인기와 함께 배경이 된 중국에 대한 미국인들의 관심도 높아져갔다. 이전까진 단순히 아시아의 후진국, 인구는 많지만 장점은 없는 나라 정도로 치부되던 중국의 진정한 모습이 주목받기 시작한 것이다.

하지만 그럼에도 불구하고 중국인을 비롯한 아시아인과 흑인 등에 대한 차별은 나아질 기미가 보이지 않았다. 펄은 이러한 미국 내의 인종차별을 따끔하게 꼬집으며 끊임없이 미국인들의 변화와 자성을 촉구했다.

"우리 미국인들은 중국을 비롯한 아시아인들을 우리보다 천하고 불결한 인종으로 생각해왔습니다. 이제는 변해야 합니다. 지구촌의 모든 사람들은 서로 동등한 존재이며 함께 더불어 살아야 하는 사이라는 것을 깨달아야 합니다."

이러한 펄의 주장에 의식 있는 많은 미국인들이 호응을 보냈다. 1941년, 펄은 남편 리처드와 지인들의 전폭적인 지지 아래 〈동서협회〉를 조직했다. 오랫동안 반목과 오해를 쌓아온 동양과 서양 사이의 협력과 이해를 끌어내고자 하는 것이 목적이었다.

어느새 중년의 나이에 접어든 펄이 미국에서 왕성한 사회활동을 벌이는 동안, 세계는 2차 세계대전이라는 거대한 전쟁의 수렁 속에서 허우적거리고 있었다. 중국 또한 국민당과 공산당의 내전에 일본의 침략까지 겹쳐 수많은 희생자가 발생하고 있었다. 그중에서도 어린 아이들이 가장 큰 피해를 입었다. 전쟁으로 인해 생겨난 중국 내 고아들의 숫자는 감히 헤아리기 힘들 정도였다.

그런 소식을 접하게 될 때마다 펄은 리처드에게 괴로운 속내를 털어놓았다.

"저 아이들을 그냥 보고만 있을 수 없어요. 어떻게든 우리가 도와야만 해요."

"하지만 이렇게 전쟁이 벌어지고 있는 와중에 우리가 무슨 도움이 될지⋯⋯."

씁쓸한 기색으로 중얼거리는 리처드를 향해 펄이 말했다.

"내게 생각이 있어요. 전쟁으로 인해 생겨난 고아들을 미국으로 입양해오는 거예요."

"고아들을?"

전쟁이 끝난 후, 펄은 전쟁 속에서 고아가 된 아시아의 아이들을 미국의 부모들에게 입양시키는 일에 착수했다. 이를 위해 1949년, 뜻을 같이하는 사람들과 〈웰컴하우스〉를 창설했다. 펄 또한 이 기관을 통해 일곱 명의 고아들을 입양했다.

"피부색도 다르고, 핏줄도 다르지만 너희들 모두 하나뿐인 내 자식들이란다."

펄은 잠시도 인권과 복지를 위해 운동하는 일을 멈추지 않았다. 하지만 그녀의 활동이 점차 폭을 넓혀나가며 사회 이곳저곳에 영향을 끼치자, 그러한 일을 탐탁잖은 시선으로 보는 사람들도 많아지기 시작했다.

"펄 벅 말이야, 소설 말고 다른 데 신경을 써서 그런지「대지」이후로는 영 볼 만한 책이 없는 것 같아."

"작가면 작가답게 글이나 쓸 것이지 뭘 여기저기 참견하고 다니는 거야? 재수 없게."

하지만 그러한 비난은 오히려 사회사업에 힘쓰겠다는 펄의 의지를 굳건하게 만들어줄 뿐이었다.

2차 세계대전이 끝난 후에도 전쟁의 참화는 계속해서 이어졌다. 1950년, 중국 옆에 위치한 한국에서도 공산세력과 자유세력 간의 충돌로 인해 6.25전쟁이 발발하고 말았다. 미국이 참전했고, 공산당에 의해 통일된 중국 또한 참전하여 미국과 총칼을 맞댔다.

"이것 봐! 역시 중국 놈들은 우리의 적이었어!"

"펄 벅은 대체 뭘 믿고 계속 중국을 편드는 거지?"

안팎에서 비난이 쏟아졌지만 펄은 굴하지 않고 자신이 옳다고 믿는 일에 매진했다. 전쟁이 끝난 후, 그녀는 자신이 도울 일을 찾기 위해 직접 한국으로 향했다. 그리고 그곳에서 폐허가 된 도시, 불타버린 산과 들판, 미처 수습조차 되지 못한 수많은 시체들과 맞닥뜨려야만 했다.

"이렇게 끔찍할 수가······."

전쟁의 참화가 휩쓸고 간 광경을 목격한 펄은 그 어느 때보다도 큰 충격을 받았다. 무엇보다도 현지인과 병사들 사이에서 생겨난 혼혈아들의 비참한 삶이 그녀의 가슴을 아프게 만들었다.

"이 아이들을 이렇게 살게 둘 수 없어. 내 돈을 써서라도 도와야만 해."

혈혈단신으로 한국에 들어온 펄은 자신이 소설로 벌어들인 수익을 전쟁고아와 혼혈아동들을 돕는 일에 사용하기 시작했다. 그러한 행동에 감명받은 의식 있는 한국인들 또한 펄의 활동에 하나둘씩 힘을 보태왔다.

훗날 〈유한양행〉을 세우게 될 유일한 박사 또한 그중 한 명이었다. 한때 중국에서 식품회사를 경영하며 살았던 적이 있는 유일한은 펄이 가진 중국에 대한 향수를 조금이나마 덜어줄 수 있는 사람이었다.

그래서였을까, 펄은 가끔씩 그에게 자신의 고민을 솔직하게 털어놓기도 했다.

"더 많은 아이들을 돕고 싶지만 나 혼자서는 한계가 있어요. 뭔가 좋은 방법이 없을까요?"

"그렇다면 뜻있는 사람들과 힘을 모아 재단을 세워보는 건 어때요?"

"재단이라고요?"

그것이 훗날 〈펄벅재단〉이라고 불리게 되는 사회법인의 첫걸음이었다. 펄의 주도하에 세워진 〈펄벅재단〉은 단순히 전쟁고아를 지원하는 일에 그치지 않고 혼혈아, 장애우 등 사회에서 고통받는 소외된 사람들에게도 손을 뻗쳤다.

또한 한국에서의 경험을 바탕으로 「갈대는 바람에 시달려도」, 「새해」 같은 수많은 소설들을 새로이 집필했다. 「대지」 이후 잠잠했던 그녀의 작품세계가 다시 한 번 꿈틀거리기 시작한 것이다.

하지만 그것도 잠시, 펄의 왕성한 활동을 시기라도 한 것처럼 커다란 비극이 찾아들었다. 펄의 영원한 반려였던 리처드가 고질적인 뇌졸중을 견디지 못하고 세상을 뜨고 말았던 것이다.

리처드의 죽음은 펄에게 슬픔뿐만 아니라 한 가지 깨달음을 가져다

주었다. 자신도 언젠가는 죽을 것이며, 결코 그 순간을 피하지 못한다는 것이었다.

리처드의 죽음 이후, 펄은 부쩍 혼자서 외로움을 타는 일이 많아졌다. 그럴 때마다 그녀의 마음속에 떠오르는 것은 중국에 대한 그리움이었다.

"죽기 전에 그곳에 다시 한 번 다녀올 수 있으면 좋을 텐데……."

하지만 중국은 한국에서의 전쟁으로 인해 미국과 적대적인 위치에 놓여 있었다. 미국의 적극적인 노력으로 정치인을 비롯한 명사들이 중국을 방문하기도 했지만 그 안에 펄은 포함되지 못했다. 중국의 공산당 정부가 그녀가 사람들의 인기를 끄는 작가라는 점을 탐탁잖게 생각했기 때문이었다.

"미안하지만 펄 벅의 입국을 허락할 수 없소! 그녀의 글은 중국 인민들에게 좋지 않은 영향을 끼칠 거요!"

중국 방문이 좌절된 후, 펄의 건강은 급속도로 쇠약해져갔다. 사랑하는 사람도 곁에 없고, 그리워하던 중국으로 돌아가지도 못한 그녀에게 남은 것이라곤 사회사업에 대한 의지뿐이었다.

그녀는 불편한 몸으로도 끊임없이 중국 근처에 있는 한국에 방문하여 아동과 빈민들의 삶을 살폈다. 한국의 부천에 〈소사희망원〉을 설립한 것도 그러한 활동의 하나였다. 그녀는 중국과 많은 면에서 비슷한 한국에 머무르며 자신의 마음을 달랬다.

하지만 그러한 잦은 여행과 바쁜 스케줄로 인해 그녀의 기력은 더욱 빠르게 쇠해갔다. 펄은 시간이 지날수록 밖에 있는 날보다 그린힐즈 농장의 침실에 누워 지내는 날이 많아졌다. 캐롤과 입양한 자식들이 성심성의껏 보살폈지만 이미 기울어진 생명의 추를 되돌릴 순 없었다.

"샤오디, 리처드……. 이제 당신들이 있는 곳으로 갈게요."

마치 꿈을 꾸는 사람처럼 중얼거리며 펄은 그렇게 숨을 거두었다. 향년 81세, 캐롤과 입양한 자식들이 지켜보고 있는 와중이었다.

그 누구보다도 격정적이고 치열했던 그녀의 삶은 후대에도 많은 유산들을 남겼다. 그녀에 의해 세워진 〈펄벅재단〉은 그녀와 리처드가 생활했던 그린힐즈 농장을 본부로 인수해 지금까지도 고아뿐만 아니라 사회에서 소외된 사람들에 대한 지원을 계속해나가고 있다.

그녀가 남긴 「대지」를 비롯한 주옥같은 문학작품들은 먼 훗날에도 읽는 사람들의 마음속에 깊은 감동과 삶에 대한 강인한 의지를 심어 주며 살아남아 있을 것이다.

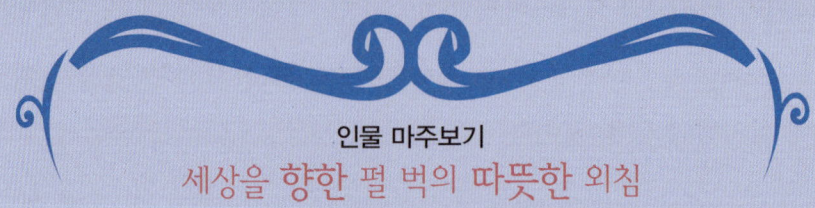

인물 마주보기
세상을 향한 펄 벅의 따뜻한 외침

펄 벅의 어린 시절

펄 벅은 1892년 웨스트버지니아 주 힐즈버러에서 목사인 압살롬 사이든스트리커의 딸로 태어났다. 당시 선교활동을 펼치고 있던 압살롬은 펄이 태어나자마자 일가족을 데리고 중국행을 선택했고, 펄은 유년기의 대부분을 중국에서 보내게 된다.

그러던 펄은 열여덟 살이 되던 해, 대학에 다니기 위해 홀로 미국 땅에 건너가게 된다. 이때 그녀가 느낀 자신의 정체성에 대한 갈등은 이후 그녀의 작품세계에도 큰 영향을 미치게 된다.

불행했던 결혼생활

대학 졸업을 마치고 부모님의 병간호를 위해 중국으로 돌아온 펄은 난징대학에서 농업학을 연구하던 존 로싱 벅과 만나 결혼하게 된다. 하지만 존은 펄이 원하던 다정다감한 남편이 아니었다. 그런 와중에 딸인 캐롤조차 선천적인 정신지체를 가지고 태어나자 펄의 아픔은 더욱 깊어진다. 남편의 무관심과 딸의 장애, 이 두 가지 고통을 잊기 위해 펄은 본격적으로 글을 쓰기 시작한다.

작가로서의 삶에 눈을 뜨다

국민당 군이 난징의 외국인들을 공격하기 시작한 1927년, 펄은 생명의 위협을 겪는다. 이때 그녀는 중국과 서양 사이에 메울 수 없는 틈이 존재하고 있음을 깨닫는다. 그리고 이러한 자각은 그녀의 작품 속에 평생의 테마로 고스란히 녹아들게 된다.

1930년, 마침내 그녀의 처녀작인 「동풍 서풍」이 미국에서 출간된다. 이 소설은 출간되자마자 큰 인기를 끌어 순식간에 매진되는 기염을 토한다. 마침내 펄은 작가로서 자신의 인생을 새로이 열어젖히게 된 것이다.

노벨문학상 수상, 문학계의 거성으로 우뚝 서다

1931년, 펄은 그녀의 작가 인생이 결집된 대표작을 발표한다. 소설 「대지」는 중국인 주인공인 왕룽을 중심으로 왕룽의 아내 오란과 그 세 아들들의 일대기를 그린 서사시적 장편 소설이다.

펄은 「대지」로 퓰리처상을 수상하며 최고의 기쁨을 맛본다. 그 후 1938년, 마침내 「대지」를 위시한 작품들에 대한 공로로 노벨문학상을 수상하게 된다. 펄의 노벨문학상 수상은 미국의 여류작가로선 최초의 일이었다.

이듬해, 그녀는 존 로싱 벅과의 결혼생활에 종지부를 찍고, 그녀의 책을 출판해온 제이데이 출판사의 사장 리처드 월시와 두 번째 결혼식을 올리게 된다.

다정다감한 성격의 리처드 월시는 펄뿐만 아니라 캐롤에게도 애정과 헌신을 아끼지 않았다. 덕분에 삶에 안정을 찾게 된 펄은 작품활동뿐만 아니라 자신이 오랫동안 생각해온 사회사업에도 본격적으로 나서게 된다.

소외된 사람들에 대한 끝없는 헌신과 노력

가족과 함께 미국으로 돌아온 펄은 사회의 소외된 사람들과 약자들에게 관심을 가지고 인권사회운동에 매진하기 시작한다. 글쓰기만큼이나 정열적으로 그녀는 사회활동에 임하며 사람들의 관심을 끌었다.

그러던 중 한국전쟁의 발발로 인해 전쟁 중에 발생한 고아와 혼혈아들에게 관심을 가지게 된 그녀는 대대적인 입양사업을 추진함과 동시에 이 일을 도맡을 〈웰컴하우스〉를 세운다. 그녀 또한 이 단체를 통해 일곱 명에 달하는 아이들을 입양해 키우며 타의 모범이 되기도 했다.

그녀의 활동들이 집대성되어 탄생한 〈펄벅재단〉은 오늘날에도 세계 전역에서 활동하며 펄이 주창한 사랑과 헌신의 정신을 전파하고 있다.

그녀의 마지막, 그리고 남겨진 유산들

1960년, 펄의 영원한 동반자였던 리처드 월시가 뇌졸중으로 먼저 세상을 떠나게 된다. 리처드의 사후 부쩍 외로움에 시달리던 펄은 다시 한 번 중국을 방문하려고 하지만 공산정부가 들어선 중국은 미국인들의 입국을 철저히 통제한다.

결국 펄은 죽기 전 중국으로 돌아가겠다던 결심을 지키지 못한 채 향년 81세의 나이로 숨을 거둔다. 그녀의 장례식은 노벨문학상 수상에 빛나는 대작가라는 직함에 어울리지 않게 소박하게 치러진다. 자신의 모든 재산을 〈펄벅재단〉에 환원하라는 유언 때문이었다.

펄 벅은 그렇게 세상을 떠났지만 아직도 세계 각지에는 그녀의 흔적들이 뚜렷이 남아 있다. 그녀가 미국에서 반평생을 보낸 그린힐즈 농장은 현재 〈펄벅재단〉의 본부로 쓰이고 있으며, 말년에 활발히 활동했던 한국에는 그녀를 기리기 위한 기념관이 설립되어 오늘날도 방문객들의 발길이 끊이지 않고 있다.

또한 「대지」를 비롯하여 그녀가 남긴 작품들은 여전히 세계인들에게 회자되며 식지 않은 인기를 과시하고 있다.

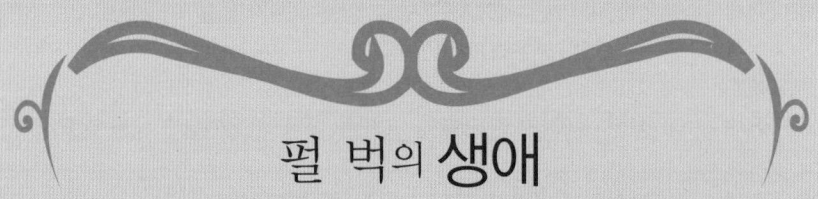

펄 벅의 생애

| 1892 탄생 | 6월 26일, 미국 웨스트버지니아 주 힐즈버러에서 태어나다. 생후 3개월에 선교사인 부모와 함께 중국으로 가다. |

1910 18세   미국으로 돌아와 버지니아에 있는 랜돌프 메이콘 여자대학에 입학하다.

1914 22세   랜돌프 메이콘 여자대학을 우등으로 졸업하다.

1917 25세   농학박사 존 로싱 벅과 만나 결혼하다.
중국에서 생활하며 난징대학에서 학생들을 가르치다.

1920 28세   딸 캐롤 그레이스 벅을 낳다.

1930 38세   미국의 인종 차별 문제를 없애려고 활동하다.
처녀작 「동풍 서풍」을 발표하다.

1931 39세   소설 「대지」를 발표, 이름을 널리 알리다.

1932 40세   「대지」로 퓰리처상을 받다.
「대지」의 2부 「아들들」을 발표하다.

1935 43세   존 로싱 벅과 이혼하다.
자신의 저서를 발간해온 출판사 사장 리처드 월시와 재혼하면서 미국으로 돌아오다.
「대지」의 3부 「분열된 일가」를 발표하다.

1938 46세   「대지」 3부작으로 미국 여성 가운데 처음으로 노벨문학상을 받다.

1941 49세   동양과 서양의 문화 교류를 위해 〈동서협회〉를 만들다.

1949 57세	전쟁과 가난 속에서 부모를 잃은 어린이들을 미국으로 입양하도록 〈웰컴하우스〉를 만들다.	
1950 58세	정신지체아인 딸 캐롤을 그려낸 「자라지 않는 아이」를 발표하다.	
1954 62세	자서전 「나의 가지가지 세계」를 발표하다.	
1960 68세	남편 리처드 월시가 세상을 떠나다.	
1963 71세	6.25 전쟁 이후 한국의 모습을 그린 「갈대는 바람에 시달려도」를 발표하다.	
1964 72세	미국 필라델피아에 〈펄벅재단〉을 세워 차별받는 혼혈어린이를 돕다.	
1967 75세	경기도 부천시 소사구에 〈소사희망원〉을 세워 혼혈어린이와 전쟁고아들을 후원하다.	
1968 76세	한국의 혼혈어린이를 주제로 한 「새해」를 발표하다.	
1972 80세	중국 입국 비자를 거절당하다.	
1973 81세	3월 6일, 버몬트 주 댄비에서 세상을 떠나다. 그린힐즈 농장에 묻히다.	

글 쓰는 직업에 대해 살펴보자 GO!

우리는 늘 글 쓰는 일을 합니다. 학교에서 글짓기 수업을 할 때도, 국어 시험을 볼 때도, 좋아하는 친구에게 편지나 메일을 쓸 때도, 하루해가 저물고 나서 일기를 쓸 때도 우리의 삶은 언제나 글과 친숙합니다. 심지어 핸드폰 문자를 주고받을 때도 말이죠.

하지만 누구나 할 수 있는 글쓰기라고 해서 기초 없이 써도 된다는 것은 아닙니다. 그렇기 때문에 전문적으로 글쓰기를 담당하는 직업인들이 있는 것이랍니다. 그렇다면 여러분은 글을 쓰는 직업이 무엇인지, 어떤 일을 하는지 자세히 알고 있나요? 우선, 이 책의 주인공 펄 벅의 직업인 소설가가 제일 먼저 생각나겠죠? 그리고 또 무엇이 있을까요?

글을 쓰는 직업의 다양한 세계가 궁금하다면 이 책장을 꼭 넘겨보세요. 그리고 각자가 생각하는 미래의 꿈을 한 번 생각해보길 바라요.

소설가는 소설의 주제를 무엇으로 할지 정하고 그 주제를 가장 적절하게 표현할 수 있는 소재들을 찾아 구성합니다. 그리고 이들을 조합하여 예술적으로 표현합니다.

소재를 찾기 위해서는 취재를 하거나, 다양한 사람들과 접하면서 정보를 수집합니다. 그리고 이것을 창작에 반영하는 것이지요. 작품을 쓰기 전에 소설의 줄거리를 전체적으로 구상해야 하며 등장인물을 결정해야 합니다. 이때 등장인물의 성격, 줄거리 전개, 심리묘사, 사회적 배경 등을 여러 가지로 생각한 다음 작품을 씁니다.

소설가는 다양한 소재와 시대적 배경을 다루기도 하고 역사, 추리, 애정, 공상과학 등 특정 분야를 전문적으로 쓰는 작가들도 있습니다.

이 직업에 꼭 맞는 사람은?

주변에 보이는 다양한 사물과 현상을 세밀하게 살펴보는 관찰력과 호기심, 그리고 관찰한 것을 글로 잘 표현할 수 있는 문장력과 언어감각이 뛰어난 사람에게 적합합니다. 그리고 항상 새로운 아이디어를 생산해야 하기 때문에 창의력이 요구되지요.
또한 글을 쓸 때 소재가 생각나지 않아서, 혹은 상상력이 떨어져서 스트레스를 받는 경우가 많은데 이를 잘 견뎌낼 수 있는 인내심과 대처능력이 좋은 사람에게 유리합니다.
글을 쓰기 위해서는 기발한 아이디어도 좋지만 이를 명확한 논리와 풍부한 감성으로 쓸 수 있는 능력 또한 갖추고 있어야 합니다.

이 직업을 갖기 위해 해야 할 일!

소설가가 되는 데 특별히 학력의 제한은 없습니다. 다만, 전문대학이나 대학교의 문학 관련 학과를 들어가서 전문적인 글쓰기 방법과 문학을 공부한다면 더 유리하겠죠?
그 밖에 직업 훈련을 위한 사설교육기관이나 아카데미, 동아리 활동을 통해 글 쓰는 방법을 훈련받을 수 있으며, 현직 소설가의 문하생으로 들어가 교육받을 수도 있습니다.

시인은 자연과 인생 등 여러 현상을 보고 이에 대한 자신의 생각과 감정을 운율이 있는 언어로 표현하는 것입니다. 시를 쓰기 위해서는 일단 주제를 결정하고, 그 주제를 가장 효과적으로 나타낼 수 있는 소재들을 찾은 후, 이 소재들을 가장 아름답게 표현할 수 있는 방법을 찾아서 예술적으로 형상화시켜야 합니다.

특히 시는 시인의 주관적이고 독특한 시각을 잘 드러내는 게 중요합니다. 즉, 쉽게 지나칠 수 있는 현상을 보더라도 이를 잘 관찰하여 개인이 가지고 있는 고유한 생각들과 접목시켜야 하는 것이지요. 그 후 작가의 생각을 통해 선택된 주제를 정리하여 이를 시적 어구로 정리하는 것입니다.

이 직업에 꼭 맞는 사람은?

다양한 현상에 대한 관찰력과 호기심이 뛰어나고, 관찰한 것을 간결한 글로 잘 표현할 수 있는 능력이 있는 사람에게 적합합니다. 그리고 항상 색다른 아이디어를 떠올릴 수 있는 창의성도 중요합니다. 또한 예술을 좋아하며 무엇이든지 탐구하는 것에 흥미를 가진 사람들에게 유리합니다.

이 직업을 갖기 위해 해야 할 일!

시인이 되기 위해서는 전문대학이나 대학교의 문예창작학과, 국문학과 등을 졸업하는 것이 보통입니다. 그 후 문단에 등단하여 작품을 꾸준히 발표하는 과정이 있습니다. 등단이 안 되더라도 인터넷의 소셜 네트워크 같은 관계를 통해 좋은 작품을 소개하는 방법도 있습니다.

만화가는 풍자나 우스갯소리 등을 경쾌하고 익살스러운 그림으로 표현하거나 어떤 줄거리가 있는 이야기를 연속된 그림과 대화로 엮는 일을 말합니다. 작업의 형태에 따라 글을 쓰는 스토리 작가와 만화를 그리는 그림 작가로 나뉘기도 하고, 이 두 가지를 동시에 하는 작가도 있습니다.

우선 만화를 구성할 새로운 소재를 떠올리고 그에 맞는 자료를 수집합니다. 그 자료들을 바탕으로 만화의 주제를 결정한 다음 그 주제에 맞게 이야기의 콘티(전개도)를 구성하는 것이지요. 그리고 장면에 따라 적절한 대화를 사용한 후, 등장인물을 설정하고 이야기의 진행을 확실히 결정짓습니다. 밑그림 과정인 데생을 할 때는 주로 컴퓨터를 사용하여 그리는데, 지저분한 선을 수정하고 먹칠, 채색 등의 작업을 합니다. 마지막으로 칸마다 들어갈 글씨를 써넣는 작업을 합니다.

이 직업에 꼭 맞는 사람은?

만화를 자주 읽고 좋아하며 그림을 좋아하는 사람에게 적합합니다. 특히, 그림 작가는 그림 그리는 데 소질이 있어야 하는 것은 물론, 특정 인물과 사물의 특성을 잘 포착할 수 있어야 합니다.

스토리 작가는 이야기를 탄탄하게 전개할 수 있는 풍부한 상상력과 감수성, 그리고 문장력 등이 필요합니다.

또한 이야기 구성을 위한 여러 자료를 수집하는 노력이 필요하겠지요. 예를 들어, 정치와 사회를 풍자하는 만화가는 자신이 말하려는 메시지를 보통 한두 컷에 함축적으로 담아낼 수 있어야 하므로 평소 정치나 사회문제에 대한 관심을 가지고 있어야 합니다.

이 직업을 갖기 위해 해야 할 일!

만화가가 되기 위해서는 어렸을 때부터 미술 관련 전문학원을 다니면서 기초를 쌓는 것이 좋습니다. 그 후 전문대학이나 대학교의 만화 관련 학과를 졸업하는 것이 좋겠죠? 또한, 기성 만화가의 문하생으로 들어가서 교육과 훈련을 받을 수도 있습니다.

극작가는 연극을 공연할 때 이야기의 줄거리를 구성하는 일을 합니다. 이때 연극주제에 적합한 작품을 새롭게 창작하거나 기존의 문학작품을 선정하여 연극의 형식에 맞게 각색하기도 합니다.

극작가는 연극 작품의 주제를 선정하고 난 후, 작품에 나오는 역사적 사실과 사건의 과정 등을 작품의 줄거리로 구상합니다. 작품의 주제에 따라 등장인물의 성격, 시대적 배경, 장소 등을 결정하는 것이 중요하고 연극을 전개하는 데 필요한 대사와 동작 등을 새롭게 구성하는 과정을 거쳐야 합니다.

극작가는 자신이 창작한 새로운 작품을 소개하기도 하지만 소설이나 영화 등의 작품을 각색하기도 합니다. 요즘에는 뮤지컬로도 많이 기획되고 있지요.

이 직업에 꼭 맞는 사람은?

연극은 관객과 직접 소통하는 자리에서 펼쳐지기 때문에 그만큼 배우와 관객, 배우와 극작가와 의사소통이 원활해야 합니다. 그러므로 글을 읽고 쓰는 것을 즐기는 것은 물론, 대인 관계가 좋고 상대방의 반응을 이끌어낼 수 있는 능력이 있는 사람에게 적합합니다. 라이브로 진행되는 연극은 불의의 사고와 실수가 있을 수 있으므로 극본을 구성할 때 배우가 공간을 이동함에 있어 동선을 명확히 해야 하고, 관객들이 즉각적으로 이해할 수 있도록 정확한 문장을 이끌어내야 합니다. 이를 위해서는 명확한 논리와 풍부한 감성을 문장으로 나타낼 수 있는 능력이 중요합니다.

이 직업을 갖기 위해 해야 할 일!

극작가가 되기 위해서는 연극과 뮤지컬 등을 꾸준히 보고 나름의 각본을 짜보는 연습을 해야 합니다. 그리고 전문대학이나 대학교의 국문학과, 연극과 뮤지컬 관련 학과에 가서 공부를 하는 것도 도움이 됩니다.

요즘에는 직업 훈련을 위한 문화센터와 협회, 대학교 내의 평생교육원 등에서 개설하는 작가 양성과정이 많으므로 이를 통해서 필요한 교육과 훈련을 받을 수도 있습니다.

시나리오 작가 또는 드라마 작가라고도 불리는 방송작가는 라디오나 텔레비전 드라마, 코미디 프로그램에 필요한 대본을 창작하고 집필하는 일을 담당합니다.

프로그램의 주제를 선택하고 내용에 따른 자료들을 조사, 분석하여 작품의 줄거리를 구상합니다. 작품의 주제에 따라 등장인물의 캐릭터와 시대적 상황을 설정한 후 프로그램을 전개하는 데 필요한 독창적인 구상을 합니다.

완성도 높은 프로그램을 제작하기 위해 방송작가는 집필 외에도 출연자 섭외, 촬영, 편집, 방송 진행에 모두 관여하기도 합니다.

이 직업에 꼭 맞는 사람은?

출연자, 방송 연출자 등 많은 사람들과 접촉하면서 일을 하는 방송작가는 이들과 원만한 인간관계를 형성할 수 있는 능력이 필요합니다. 글 쓰는 것을 좋아하고 사회 적응력이 뛰어나며 인내심을 가진 사람에게 유리합니다.

이 직업을 갖기 위해 해야 할 일!

우선 라디오와 드라마, 코미디 프로그램을 보면서 각자의 생각과 느낌을 담아 대본을 꾸준히 써보아야 합니다. 그리고 대학교에 개설된 방송 관련 학과에 들어가서 전문적인 공부를 하는 것이 좋습니다.

그 밖에 한국방송작가협회에서 방송작가 연수 프로그램, 각 언론사 방송문화원의 방송작가반 등에서 방송작가가 되기 위한 교육과 훈련을 받는 방법도 있습니다.

구성작가는 극작가와 방송작가와 비슷한 부분도 있지만, 이들보다 더 세분화된 업무를 담당합니다. 드라마를 제외한 프로그램들의 기획과 구성, 대본 작성 등에 참여하기도 하고, 교양 및 오락 프로그램의 제작 형식을 기획·검토하기도 합니다.

또한 제작에 필요한 자료를 수집, 정리합니다. 이렇게 수집한 자료를 기초로 관련 프로그램의 특성에 맞는 원고를 작성하고 출연진을 섭외하는 것이지요.

구성작가는 때로 방송 연출가와 협의하여 관련 프로그램의 제작에 필요한 정보를 제공하기도 합니다.

이 직업에 꼭 맞는 사람은?

우리나라뿐만 아니라 세계 방송 분야의 트렌드를 알아야 하기 때문에 다양한 지식을 두루 섭렵하는 사람에게 적합합니다. 그리고 새로운 아이디어를 내야 한다는 압박감과 스트레스를 잘 견딜 수 있는 인내심을 가진 사람에게 유리합니다.

낯선 사람들과 많이 교류해야 하는 구성작가는 친화력이 있어야 하고, 생각지 못했던 상황에 대한 대처능력과 리더십이 필요합니다.

이 직업을 갖기 위해 해야 할 일!

구성작가가 되기 위해서 특정 학교에 들어가야 하는 것은 아닙니다. 다양한 학문을 섭렵하고 수많은 사람들을 만나면서 방송에 대한 실질적인 지식을 키울 수 있기 때문입니다. 또한 방송아카데미에서 공부하거나 방송 아이디어 공모전에서 수상을 한다면 더욱 좋겠죠?

기자는 우리 주변에서 일어나는 각종 사고·사건, 정치·경제 소식, 생활 정보 등을 일반인에게 신속하게 알려주는 일을 합니다. 신문, 잡지, 라디오, 텔레비전, 인터넷 등을 통해 빠르게 전해주는 것이지요.

활동하는 매체에 따라 방송기자, 신문기자, 잡지기자 등으로 분류되고, 담당 업무에 따라 취재기자, 편집기자, 사진기자 등으로 구분되며, 취재 분야에 따라 스포츠, 연예, 의학 전문기자로 나누기도 합니다.

기자는 취재한 내용을 바탕으로 기사를 작성하고 특정 사건에 관한 보고서를 작성합니다. 그리고 핵심내용을 파악하여 가장 중요한 정보에 해당되는 내용을 중심으로 제목과 소제목을 뽑은 다음, 원고를 교정하고 전반적인 편집 방향을 결정합니다.

이 직업에 꼭 맞는 사람은?

기자는 독자가 이해하기 쉬운 내용을 신속하게 전해야 하므로 정확한 글쓰기 능력이 요구됩니다. 또한 사회 현상을 똑바로 보고 객관적으로 분석할 수 있는 능력이 있어야 하므로 한쪽에 치우치지 않는 사고를 키우고 편견 없는 마음을 가져야 합니다.
무엇보다도 세상과 소통함에 있어 적극적인 사고방식을 가져야 하고, 불의의 소식도 용감하게 전하는 정의감이 필요합니다. 그리고 체력을 충분히 길러 불규칙한 생활에 적응하면 더욱 유리하겠죠?

이 직업을 갖기 위해 해야 할 일!

어렸을 때부터 신문이나 뉴스 등을 꾸준히 보고 쓰는 연습을 해야 합니다. 이때 정보 매체가 말하고자 하는 메시지를 잘 짚어낸다면 기사의 헤드라인을 작성하는 데 도움이 될 것입니다. 그리고 대학교에서 정치학, 사회학, 신문방송학 등 인문사회 계열을 전공하면 전문적인 도움을 받을 수 있습니다.
그 밖에도 방송 관련 전문기관에서 기자가 되기 위한 교육을 받을 수 있습니다.

동화작가는 동심의 세계 속에서 아이들의 꿈과 상상력을 대변할 멋진 이야기와 삽화를 만드는 아기자기한 작업을 합니다. 요즘 아이들은 무슨 생각을 할까, 어렸을 적의 자신은 어땠을까 하는 생각을 가지고 아이들의 눈높이에 맞춰서 글을 써야 하는 것이죠.

동화책에는 그림과 글씨가 동시에 들어갑니다. 즉 동화를 만들기 위해서는 스토리 작가와 그림 작가가 함께 있어야 한다는 뜻이지요. 동화책에 대한 원고료와 인세는 동화책에 글과 삽화가 들어간 비율에 따라 달라집니다.

물론, 글과 그림에 모두 뛰어난 재능을 타고나 작가 혼자서 동화책을 집필하는 경우도 있지만 그것은 흔치 않습니다.

이 직업에 꼭 맞는 사람은?

동화작가는 아이들의 생각과 행동을 이해해야 하는 것은 물론이고, 엉뚱한 아이들의 이야기를 재미있고 아름답게 표현할 수 있는 능력이 있어야 합니다. 그래야 책을 읽는 아이들의 많은 호응이 있을 테니까요. 또한 아이들에게 동화책을 사주시는 부모님의 취향을 반영하는 분석력도 중요합니다.

이 직업을 갖기 위해 해야 할 일!

동화작가가 되기 위해서 대학교의 특정 학과를 나올 필요는 없습니다. 다만, 동화 집필에 대한 실무를 많이 경험하는 과정 속에서 좋은 작품을 만들 수 있기 때문에 많은 도전이 필요합니다.

동화책을 내는 출판사에 이메일을 넣어 자신의 작품을 알리는 방법, 동화공모전에 응시하여 입상을 하는 방법을 통해서 동화를 출판할 수 있는 기회를 잡을 수 있습니다. 또한 신춘문예 동화 부문에 등단하여 작가로서 이름을 알리는 방법도 있습니다.

번역가는 외국어로 쓰인 문서와 보고서 그리고 전문서적 등을 우리말로 옮기거나 우리말을 외국어로 옮기기도 하는 전문적인 작업을 합니다.

먼저 의뢰받은 번역문을 바탕으로 사전과 기타 참고자료를 수집한 다음, 원문을 연구하여 그 속에 녹아 있는 사상과 감정을 그대로 살려서 번역합니다. 그 후 번역된 내용에 대한 수정과 보완, 교정 작업을 거쳐서 완성본을 만듭니다. 이때 원고에 보충하거나 추가하고 싶은 내용이 있다면 몇 가지 주석을 달아주기도 합니다.

전문서적을 번역할 경우에는 해당 분야의 전문가나 번역 의뢰업체를 통해 전문용어를 감수받아 잘못 번역된 부분이 없는지 확인하는 과정을 거칩니다.

문학번역(출판번역)은 외국어로 된 소설, 시, 희곡, 수필뿐 아니라 대중에게 인기가 있는 인문사회, 자연과학 분야를 번역합니다.

영상번역을 할 때에는 영화나 방송 프로그램, 다큐멘터리, 만화, 뉴스 등 모든 장르의 영상예술을 대상으로 합니다. 이들 중 외국어로 된 영화의 대사를 다른 언어로 바꾸어 다시 녹음(더빙)하거나 혹은 자막용으로 번역하는 것이지요.

이 직업에 꼭 맞는 사람은?

외국어에 능통하여 높은 어학 수준을 갖추고 문장력과 표현력이 뛰어난 사람에게 적합합니다. 그리고 외국어에 대한 흥미와 함께 외국 문화와 정서에 관심을 가져야 하며, 전문 영역에 대한 기초 지식이 있어야 하지요.
완성도 높은 번역을 위해서 꼼꼼한 성격과 끈기, 인내심이 필요함은 물론입니다.

이 직업을 갖기 위해 해야 할 일!

번역가가 되기 위해서는 전문적인 지식을 습득해야 하므로 대졸 이상의 학력을 가지는 것이 좋습니다. 그리고 통번역 전문 대학원이나 번역 전문 교육기관에서 교육을 받는다면 자신이 전공한 외국어와 모국어를 자유로이 번역하는 데 도움이 될 것입니다.

학자는 고고학, 지질학 등 특정 학문을 연구하는 사람뿐만 아니라 대학에 설치된 다양한 학과에서 학생들을 가르치는 교수, 기업에서 활동하는 연구원 등도 포함합니다. 기본적으로 이들은 자신의 전공 분야에 대한 지속적인 연구 활동을 합니다. 예를 들어, 화학을 연구하는 학자는 책이나 강의로 이론적인 학습을 한 후 이를 바탕으로 실험실 같은 현장에서 직접 실습을 합니다. 그리고 실험 결과를 토대로 다양한 사람들을 만나 토론을 거치고 최선의 연구 결과를 도출하기 위해 밤낮으로 공부하지요. 마지막으로 이러한 연구 과정을 모두 마친 후 연구 결과를 하나의 논문으로 작성하고, 때로는 전공 분야와 관심 분야 등에 대한 책을 집필하기도 합니다.

그리고 학자는 대학에서 강의를 하기도 합니다. 자신이 연구한 학문을 기초로 하여 학생들의 교과과정을 계획·조정하고, 실험과 실습 등 다양한 방법으로 학생들을 지도하며, 시험과 세미나, 보고서를 통해 학생들을 평가합니다.

이 직업에 꼭 맞는 사람은?

학문에 대한 끊임없는 연구와 개발을 좇는 사람, 진취적인 사고와 탐구하는 것에 흥미를 가진 사람, 교육자로서 바른 언행을 하는 사람에게 적합합니다. 그리고 명확한 학습 내용을 학생들에게 전달하기 위해서 언어 구사력과 글쓰기 능력이 뛰어난 사람에게 유리하지요.

이 직업을 갖기 위해 해야 할 일!

학자가 되기 위해서는 우선 자신이 추구하는 학문과 관련된 학과를 선택해야 합니다. 그리고 대학교의 학사와 석사 과정을 거쳐 박사학위를 취득하는 것이 보통입니다. 학자는 학생의 교과과정과 논문 및 연구 계획을 지도·조언하면서도 자신의 전공분야에 대한 연구를 지속적으로 수행해야 합니다. 이것은 개인의 문제뿐 아니라 학생의 미래까지 달려 있기 때문에 자신의 일에 대한 책임감과 사명감을 가져야 합니다.

출판편집자는 작가가 쓴 원고의 내용을 검토하고, 이상이 없으면 작가와 상의를 통해 책의 내용에 맞는 판형(출판물의 치수와 모양)·글씨체·디자인 등의 편집 양식을 결정합니다. 그리고 편집 작업의 순서와 방법을 설정한 후 내용의 손상 없이 원고를 편집하는 작업을 합니다. 이때 교정·교열·윤문을 거쳐 원고의 내용을 편집하는 것이지요.

때로는 출판편집자가 출판물의 디자인을 검토하고, 디자이너의 영역까지 병행하여 모든 작업을 수행하기도 합니다. 출판디자인은 일러스트와 포토샵 등의 프로그램을 사용하여 사진을 합성 또는 수정합니다. 그리고 컴퓨터에 문자나 그림 등을 입력하고 색채와 크기를 조정하여 고급스러운 그래픽을 만드는 것이지요. 마지막으로 시험 출력을 하여 문제점을 파악·보완한 후 인쇄 공정에 넘길 판을 만듭니다.

이 직업에 꼭 맞는 사람은?

작가의 관심사가 무엇인지, 그리고 책의 편집 방향이 무엇인지를 파악할 수 있는 관찰력과 통찰력을 가진 사람에게 적합합니다. 그리고 편집 프로그램을 잘 다루고, 편집에 대한 원리와 기술을 잘 이해해야 합니다. 세심한 주의력과 집중력이 필요하겠죠?
또한 출판디자인을 검토할 수 있는 창의력과 미적·유행 감각 등이 필요하고 교정 업무를 수행할 수 있는 꼼꼼함과 성실함이 요구되지요.

이 직업을 갖기 위해 해야 할 일!

출판편집자가 되기 위해서는 대학교의 출판 관련 학과에서 공부하는 것도 좋지만 꼭 특정 학과에 한정되어 있는 것은 아닙니다. 수학을 전공한 사람은 수학과 관련된 전문 서적을 편집할 수 있고, 영어를 전공한 사람은 영어 관련 서적을 편집할 수 있기 때문이죠. 그리고 편집에 대한 일정 기간의 업무 경력과 윤문 및 교열 작업에 대한 기본적 지식 또한 필요하기 때문에 실무를 열심히 하는 것이 중요합니다.

카피라이터는 광고 문구나 문안을 작성하는 일을 합니다. 일반인들이 특정 상품이나 서비스를 쉽게 기억할 수 있도록 선보여야 하지요.

광고 문구 의뢰가 들어오면, 그 광고의 주제가 되는 상품 또는 용역에 관한 정보를 얻고 광고 문안의 길이와 형태 등을 광고주 및 시장조사 분석가와 상의해야 합니다. 그리고 각종 조사와 인터뷰를 통해 광고를 위한 부가적인 배경 정보를 얻고, 광고 문안을 작성하기 위하여 상품 및 용역의 시장조사, 소비자 성향 조사, 광고 경향 조사 등을 검토합니다. 이 모든 과정이 끝나면 상품의 효능, 기업 이미지, 대중의 생활방식 등에 대한 자료를 바탕으로 상품과 서비스의 판매 촉진을 위한 아이디어와 원고를 작성하는 것입니다.

카피라이팅은 광고 전략에 따라 표제어(head copy), 부제어(subhead copy), 본문(body copy), 슬로건(slogan) 등을 작성합니다.

이 직업에 꼭 맞는 사람은?

아이디어를 독창적으로 생각할 수 있는 사람, 풍부한 감성을 문장으로 표현할 수 있는 사람, 소비자들이 추구하는 가치관이나 시대의 흐름을 파악할 수 있는 사람에게 적합합니다. 외국의 상품광고, 외국어, 마케팅, 소비자 심리 등 여러 분야를 두루 섭렵해야 하기 때문에 지식과 상식을 공부하는 것도 중요합니다.

이 직업을 갖기 위해 해야 할 일!

카피라이터가 되기 위해서는 새로운 유행을 좇으려는 노력이 기본입니다. 교육 과정은 일반적으로 대학교의 국문학과, 광고 관련학과에서 전문적으로 공부를 하는데, 그렇다고 꼭 특정 학과에 한정된 것은 아닙니다. 그리고 한국방송광고공사에서 주관하는 광고교육원과 민간 교육시설에서 카피라이터가 되기 위한 공부를 할 수 있습니다.

저널리스트는 세상에서 일어나는 모든 사건에 대한 문제의식을 가지고 이를 논평하는 모든 언론인들을 총칭하여 말합니다.

보통은 언론사의 편집국이나 보도국에 소속되어 있는 기자와 논설위원, 해설위원 등을 말하지만 언론사에 소속되어 있지 않고 프리랜서로서 신문과 잡지에 칼럼을 쓰거나 방송에서 논평을 하는 직업인들도 이에 포함되지요.

저널리스트들은 전문인으로서 언론에 대한 체계적인 지식과 기능을 갖추어야 하며, 사회에 대한 사명감과 더불어 자율성을 지녀야 합니다.

이 직업에 꼭 맞는 사람은?

정치·경제·사회·문화 등 다양한 분야에 대한 관심을 가지는 사람, 시사 분야를 잘 이해하는 사람, 스스로 어떤 문제를 파악하고 해결하려는 사람에게 적합합니다.
또한 공정한 눈으로 정확히 세상을 바라보고 사람들을 설득·이해시켜야 하기 때문에 사회에 대한 책임과 윤리 의식을 가지는 것이 중요합니다.

이 직업을 갖기 위해 해야 할 일!

저널리스트는 우리 사회의 여러 가지 모습을 가지고 전문적인 논평을 해야 하기 때문에 신문과 뉴스를 보면서 다양한 정보를 두루 섭렵하는 것이 좋습니다.
저널리스트가 되기 위해 특별히 전공해야 할 학문은 없지만, 대학교에서 인문과 사회계열 전공을 전문적으로 공부하면 유리하겠죠?

세계문학의 발자취를 찾아서

문학은 동서양의 여러 문명권에 존재하는 많은 민족들이 수세기를 거쳐 만들어낸 예술의 산물이다. 원시시대에 그림과 간단한 표기로 의사소통을 시작했던 것이 시간이 흐르면서 각 문명의 언어로 발달하였고, 이것은 신화와 시, 소설 등으로 다양하게 변화해 왔다.

과거에는 힘의 논리에 따라 문학도 이런 흐름에 따라갈 수밖에 없었다. 세계를 주도했던 유럽을 중심으로 세계 문학이 형성되었으니 말이다. 실제로 권위 있는 문학상, 예를 들면 노벨문학상의 수상자들을 보면 유럽과 미국 출신들이 대부분을 차지하고 있다.

하지만 오늘에 이르러서는 이러한 경계가 조금씩 사라지고 오히려 제3세계 문학이라고 하여 변방에 있던 개발도상국의 문학들이 인정받는 경우도 많다.

그럼 지금부터 세계문학의 역사를 총 여섯 개의 시기로 나누어 전반적인 특징을 살펴보고자 한다.

1. 원시문학

인류가 남겨놓은 예술 중 가장 오래된 형태는 메시지를 전달하기 위해 돌과 나무에 그림이나 문자를 적는 것이었다. 이러한 언어예술이 발달하면서 인류는 생업에 종사할 때 활력을 줄 수 있는 노동요를 부르기도 했다.

현재 세계 곳곳에서 살고 있는 원주민들 가운데 많은 사람들이 원시시대의 역사를 그대로 이어오고 있다. 이것은 선조들이 상형문자를 통해서, 입에서 입으로 전해지는 노동요를 통해서 후세들에게 많은 역사를 알렸기 때문에 가능한 것이다.

신화의 등장

원시 사람들은 하늘과 땅이 창조되고 세상 만물이 탄생한 것에 대한 경외심과 동시에 흥미를 가지고 있었다. 그리하여 각자가 믿는 신을 만들어 이를 받들고, 자신들의 부족을 위험으로부터 지키려고 노력을 하였다.

신의 종류는 원시인들이 목표에 따라 달라졌다. 바다에서 살았던 사람들은 수렵생활에 필요한 물고기를 잘 잡히게 해달라는 뜻으로 물고기를 신으로 받들기도 했고, 산골에서 살았던 사람들은 곰이나 사자 등이 생업에 필요했기 때문에 이들을 신으로 모시곤 했다. 이렇게 원시 사람들은 자기 부족을 지켜주는 신을 우상화하고 영웅으로 받들면서 이들의 행적을 담은 신화를 만들어내기 시작했다.

서사시

신화는 여러 가지 형태로 발전하면서 신 또는 영웅이 어떤 업적을 이루었는지, 어떤 내력이 있는지를 노래로 설명하기 시작했다. 이것이 바로 서사시이다.

서사시는 주술사가 노래를 부르며 부족들에게 전승하는데, 이를 통해서 부족의 단합을 이루고 자연과 인간 사이의 관계를 조화롭게 유지하도록 하였다.

2. 고대문학

원시시대의 문학이 대등한 관계 속에서 이루어진 것이었다면, 고대문학은 정치가가 사제보다 우위에 있기 시작하면서 정치 지배자의 문학이 되었다. 하늘의 신과 땅의 지배자가 만난 영웅적인 업적을 이루고 승리자가 되는 과정을 이야기하고 노래하면서 지배자는 홀로 우월한 것임을 강조하였다.

그리스 신화

번개의 신인 제우스가 모든 신들을 거느리는 최고의 자리에 올라 기존의 신들을 무너뜨리고 새로운 왕국을 세운다는 내용이 있다.

이집트 신화

신의 아들인 오시리스가 처참하게 살해되었다가 가까스로 살아났는데, 이를 식물이 소멸했다가 싹이 나는 과정과 결합시키면서 그를 농업신으로 추앙했다고 한다.

유대 구약성서

세상의 모든 것을 창조한 하나님은 선악을 가리고 심판하는 일을 맡고 있었는데, 그가 창조한 사람이 어떤 잘못을 하여 지상낙원에서 쫓겨나게 된다. 그 후 세상은 온갖 징벌에 휩싸여 고통받다가 지도자 모세가 신이 내린 율법으로 인류를 구원해 새로운 세상으로 인도했다고 나온다.

이렇게 신화의 주인공은 신의 아들이거나 신의 대리자이기 때문에 하늘에서 내려와 신의 역할을 하여 나라를 세운다는 이야기가 신화의 기본을 이루고 있다.

3. 중세문학

중세는 본격적으로 언어가 발생한 시기였다. 그중 한문, 산스크리트어, 고전 아랍어, 라틴어가 대표적인 언어였다. 이들 언어는 종교의 경전어로 사용되었다.

한문

고대중국의 글로, 동아시아 일대에서 주로 사용했고 유교와 불교의 경전언어로 쓰였다. 당시에는 인도의 산스크리트 문명이 중국의 한문 문명보다 우위에 있었기 때문에 불교가 인도에서 중국으로 건너가게 된 것이다.

산스크리트어

인도에 거주한 아리안 민족의 언어에서 유래되었으며 힌두교와 불교의 경전 언어로 쓰였다. 이 언어는 인도 카스트 제도에서 가장 높은 승려 계급인 브라만이 유일하게 사용했다. 그리하여 인도에서는 궁정문학과 서민문학이 따로 존재하게 되었다.

아랍어

메카를 중심으로 한 아라비아에서 사용했으며 이슬람교의 경전언어로 쓰였다. 인도와는 달리 누구나 자기 언어로 삼았기 때문에 사람들끼리 평등한 관계를 유지할 수 있었다.

라틴어

원래 라티움(Latium)이라고 일컬었던 로마 지방에서 썼으며 기독교의 경전 언어로 쓰였다. 하지만 기독교인들이 주로 라틴어를 썼고 일반 세속인들은 문화 수준이 낮았기 때문에 제대로 라틴어를 구사하지 못했다.

4. 중세에서 근대 사이의 문학

중세에서 근대로 가는 과도기의 문학에는 각 나라가 가지고 있는 고유 언어가 많이 반영되었다. 그 이전에는 한문, 산스크리트어, 고전아랍어, 라틴어의 4가지 주요 언어들이 있었지만 점차 문학이 발전하기 시작하면서 서민들도 사용할 수 있는 언어를 만들어가기 시작했다.

대표적인 예는 조선왕조의 세종대왕이 독창적이고 독립적인 한글을 창제한 것이다. 이것은 조선의 모든 백성들이 자유롭게 문학을 즐기도록 도움을 주었다. 또, 중세 프랑스에서는 공식적인 문서를 작성할 때 반드시 라틴어로 써야하는 의무사항이 있었는데 15세기 중반에 이것을 없애고 프랑스어를 쓰는 것도 허용하였다.

언어가 자유로워짐에 따라 문학은 다양한 형태로 변화하였다. 그리하여 기존에 있던 종교와 신, 영웅에 대한 이야기 외에 인간의 삶과 생활에 대한 이야기가 등장하게 되었다.

혼인과 애정을 둘러싼 남녀 이야기
우리나라의 「춘향전」이 대표적이다. 주인공인 춘향이가 지조를 지키며 이몽룡을 기다리고 결국 그와 사랑을 이루게 된다는 내용인데, 이 작품에는 사랑 이외의 또 다른 이야기가 있다. 이몽룡이 무능하고 부패한 탐관오리인 변학도를 응징하는 것, 그리고 춘향이가 이몽룡과 백년해로하며 신분이 상승되는 것에서 서민들의 이룰 수 없는 꿈이 표현되었던 것이다.

권선징악의 교훈을 주는 이야기
유럽의 동화 「신데렐라」가 대표적이다. 착한 심성을 가졌지만 계모에게 구박만 받고 살았던 신데렐라가 고생 끝에 왕자를 만나 결혼하여 행복하게 살고, 반면 계모는 나쁜 행동에 대한 벌을 받는 내용이다.
여기에도 역시 또 다른 이야기가 숨어 있다. 주인공인 신데렐라와 계모의 두 딸은 자신의 인생을 변화시켜 줄 왕자를 기다리는데, 이것은 남성에게 의지하여 살아가려는 당시 여성상의 모습을 보여주는 것이다.
이것은 요즘 시대에도 나타나는 현상으로 남성에게 보호받으며 살아가려는 여성의 심리, 신데렐라 콤플렉스를 표출하고 있다.

5. 근대문학

이 시기의 문학은 사회구조의 영향을 많이 받았다. 당시는 신분계급사회로 모든 것에 존귀하고 비천함이 있었고 이 둘 사이에는 서로 넘을 수 없는 벽이 있었다. 이에 따라 사람들의 인식은 사회구조를 비판하고 변화하려는 노력으로 흘러갔다. 근대 이전에는 단지 간접적으로 조심스럽게 시도되었던 것이 이때부터는 절대적인 왕권 또는 신권에 도전하는 직접적인 투쟁으로 변화해갔다.

유럽의 문학

당시 문명의 중심에 있었던 유럽에서는 사회적 변화가 먼저 일어난 후 문학의 변화가 이루어졌다. 그리하여 19세기 중엽 시민혁명을 겪은 후 산업혁명이 본격화된 시기에 근대문학이 등장하였는데, 귀족과 시민 계급의 문학에서 민중 계급의 문학으로 변화하는 과정이었다. 여기서 문학은 서민들의 입장과 삶을 대변하기도 했다.

프란츠 카프카의 소설 「변신」

근대에서 현대로 넘어올 즈음, 세계는 경쟁 속에서 인간이 낙오되는 사회적 문제점들을 안고 있었다. 유대계의 독일작가 카프카는 소설 「변신」에서 사회 속에서 인간이 겪는 소외감과 무력감을 그려내었다.

헤르만 헤세의 「데미안」

세계대전을 겪은 후, 독일작가 헤르만 헤세는 전쟁의 참상을 그린 소설 「데미안」을 출간했다. 이 소설은 전쟁으로 인해 혼란에 빠진 사람들에게 깊은 감명을 주었다.

변방의 문학

문명의 중심은 아니지만 다른 나라의 간섭을 받지 않으며 주권을 가지고 있었던 국가(터키, 일본, 태국, 호주, 미국 등)에서는 사회의 근대화와 문학의 근대화가 동시에 이루어졌다. 유럽의 문명에 뒤떨어지지 않으면서도 문학을 발전시키기 위한 방안이었다.

막심 고리키의 소설 「어머니」

사회주의가 대두되던 러시아에서는 고리키의 「어머니」를 통해서 노동운동을 통한 혁명과 투쟁을 그렸다.

어니스트 헤밍웨이의 소설 「노인과 바다」

개인의 문제에 관심을 두었던 20세기 중반, 미국에서는 헤밍웨이의 「노인과 바다」가 출판되었다. 이 작품은 인간이 살아가면서 겪는 수많은 실패를 극복하는 과정을 그려 인간의 존엄성을 강조하였다.

후발주자들의 문학

주권을 잃고 반식민지 또는 식민지가 된 곳(한국, 중국, 인도, 이집트, 인도네시아 등)에서는 문학의 근대화가 먼저 이루어졌다. 나라를 뺏겼으므로 민족해방과 투쟁을 주제로 한 근대문학이 발전했고, 이것은 나라의 주권을 되찾고자 하는 독립운동으로 발전해 갔다.

라빈드라나트 타고르의 시 「동방의 등불」

우리나라 일제강점기 때, 인도의 문호 타고르는 「동방의 등불」을 〈동아일보〉에 발표했다. 이 작품에는 한국인들이 희망을 잃지 말고 끝까지 싸워 대한민국의 독립을 이루기를 바라는 내용이 담겨 있다.

루쉰의 소설 「아큐정전」

1차 세계대전 이후에는 세계정세가 뒤바뀌고 급변하게 되는데, 이것에 적응하지 못하는 문명권이 많았다. 그리하여 1921년 중국의 작가 루쉰이 「아큐정전」을 통해 과거 강대국이었던 중국에만 머무른 채 시대 변화에 뒤떨어진 중국인의 우매한 모습을 그렸다.

6. 현대문학

근대에는 인쇄술이 발달하면서 책과 신문, 그림 등의 예술이 대중들의 문화를 대부분 차지했다. 하지만 현대에 들어오면서 대중들은 영화, 사진, 인터넷, 라디오, 텔레비전 등의 시청각 미디어를 즐기는 시간이 많아졌다. 이러한 대중매체의 활성화는 상대적으로 문학의 위축을 가져왔는데, 대중들의 입맛에 맞도록 문학이 점점 상업화되고 최신 경향과 관련된 읽을거리로 전락하는 위기를 맞았다.

하지만 이것에도 긍정적인 측면이 있다. 대중들이 문화를 주도하고 만들어 감에 따라 전혀 새로운 형식의 문학이 등장하고 있기 때문이다. 인터넷에 소설을 연재하거나 개인 블로그에 여행 사진과 함께 글을 올려 폭발적인 인기를 끈 작가들이 이것을 책으로 펴내는 일도 많다. 최근에는 태블릿 컴퓨터를 통해서 전자책 시장에 커다란 변화를 가져다주는 등 다변화된 형태의 문화를 만들어가고 있다.